基层开放大学如何为乡村振兴服务

贺贤敏 著

中国财经出版传媒集团
中国财政经济出版社

图书在版编目（CIP）数据

基层开放大学如何为乡村振兴服务／贺贤敏著. ——北京：中国财政经济出版社，2023.6

ISBN 978－7－5223－1374－0

Ⅰ.①基… Ⅱ.①贺… Ⅲ.①开放大学－作用－农村－社会主义建设－研究－中国 Ⅳ.F320.3

中国版本图书馆 CIP 数据核字（2022）第 068452 号

责任编辑：田明晖　　　　责任校对：胡永立
封面设计：陈宇琰　　　　责任印制：史大鹏

基层开放大学如何为乡村振兴服务
JICENG KAIFANG DAXUE RUHE WEI XIANGCUN ZHENXING FUWU

中国财政经济出版社 出版

URL: http://www.cfeph.cn
E-mail: tianmh@cfemg.cn

（版权所有　翻印必究）

社址：北京市海淀区阜成路甲 28 号　邮政编码：100142
营销中心电话：010－88191522　编辑部门电话：010－88190670
天猫网店：中国财政经济出版社旗舰店
网址：https://zgczjjcbs.tmall.com
北京财经印刷厂印刷　各地新华书店经销
成品尺寸：170mm×240mm　16 开　6.75 印张　150 000 字
2023 年 6 月第 1 版　2023 年 6 月北京第 1 次印刷
定价：30.00 元
ISBN 978－7－5223－1374－0
（图书出现印装问题，本社负责调换，电话：010－88190548）
本社质量投诉电话：010－88190744
打击盗版举报热线：010－88191661　QQ：2242791300

前 言

乡村振兴战略是决胜全面建成小康社会，全面建设社会主义现代化国家的重大历史任务。多年来，笔者在长期"田间地头""走村访户"的开放教育工作中发现：沿海地区农业现代化瓶颈的核心因素在于农业劳动力素质低下；农村现代化瓶颈的关键因素在于农村农民教育发展滞后。从社会发展规律看，教育是国家发展的基石。实施乡村振兴战略，推进"三农"工作，关键在于振兴农村教育，在此基础上才能真正解决"农村走向何处""农村发展为了谁"以及"农村未来小康社会要靠谁来建设"的问题。

在这样的背景下，基层开放大学如何发挥自身优势，助力到乡村振兴的伟大工程中去？宁波开放大学象山学院立足象山、放眼浙江，基于构建乡村终身教育体系的明确教育理念、发展定位和战略高度，深刻把握人才体系优化、产业创新支持、文化环境塑造三个维度，制定了学院服务乡村振兴战略的三大校本路线图：第一，积极探索开放教育助力乡村人才振兴新模式，精心设计多层次教育产品，着力培养乡村管理者、乡村建设者、乡村服务者；第二，积极探索开放教育助力乡村产业振兴新模式，以高素质农民、新型职业渔民、乡村建筑工匠等培训项目为象山农业、渔业、建筑业、旅游业等产业转型发展提供智力支持；第三，积极探索开放教育助力乡村文化振兴新模式，在红色文化、创业文化、老年文化和民俗文化传承与创新中发挥党建共建、非遗社团、文化礼堂、乡村游学的教育效应。

从顶层设计到本土落地，从个别试点到全面铺开，宁波开放大学象山学院将服务半径延伸到农村"生态圈"、农业"生产圈"、农民"生活圈"，促使农村、农业、农民自身的发展诉求与发展动力有机结合，形成内驱式、内动式的乘数效应，真正成为"全民终身教育的重要载体、推进教育信息化的优质平台、助力乡村振兴的服务高地"。这是对基层开放大学服务乡村振兴战略的有益探索,可为浙江省乃至全国基层开放大学提振社会服务能力有所借鉴。仅 2021 年,学院就获得了"中国高校现代远程教育优秀校外学习中心""国家开放大学老年教育教学成果展三等奖"等各级、各类荣誉 12 项。

  本书以宁波开放大学象山学院服务乡村振兴战略为案例,阐述了基层开放大学"围绕乡村振兴做文章"的教育思辨和工作实践。全书共 4 章:第一章"服务乡村振兴的教育视野",整体分析和概括了基层开放大学服务乡村振兴战略的使命价值、路径方向和自身优势;第二章"服务乡村人才振兴的办学探索",阐述了基层开放大学坚持以学历教育为主,实施"乡村振兴人才计划""终身教育计划"等为乡村振兴培养实用型人才的现实举措;第三章"服务乡村产业振兴的特色样本",以培训为切入口详细论述了基层开放大学服务于农村区域经济发展尤其是农业产业发展的功能优势和成效;第四章"服务乡村文化振兴的本土实践",总结了基层开放大学在乡村文化传承与创新领域的积极贡献。

  本书可作为全国基层开放大学教育教学工作和社会服务的指导用书,具有一定的推广和应用价值。本书在撰写过程中得到开放教育领域多位专家的亲切关怀,在此一并表示衷心感谢。但由于时间仓促,作者水平有限,本书内容如有不妥之处,敬请读者指正。

贺贤敏
2022 年 1 月

目 录

第一章　服务乡村振兴的教育视野 …………………………（ 1 ）
　　第一节　服务国家乡村振兴战略的新使命 …………………（ 1 ）
　　第二节　全国示范基层开放大学的新优势 …………………（ 7 ）

第二章　服务乡村人才振兴的办学探索 ……………………（ 13 ）
　　第一节　培育乡村管理者：从"一村一"到"乡村振兴人才计划" …（ 13 ）
　　第二节　培育乡村建设者：从"学历教育"到"终身教育" …（ 21 ）
　　第三节　培育乡村服务者：从"城市社工培训"到"乡村专职
　　　　　　社工培育" ……………………………………………（ 29 ）

第三章　服务乡村产业振兴的特色样本 ……………………（ 35 ）
　　第一节　对标现代农业深化"高素质农民"特色培训 ………（ 35 ）
　　第二节　对标现代渔业实施"新型职业渔民"专项培训 ……（ 48 ）
　　第三节　对标建筑产业开展"现代乡村建筑工匠"联合培训 …（ 56 ）
　　第四节　对标旅游产业落实"乡村旅游服务员"定向培训 …（ 67 ）

第四章　服务乡村文化振兴的本土实践 ……………………（ 75 ）
　　第一节　"党建共建"传承乡村红色文化 ……………………（ 76 ）
　　第二节　"七巧绣社"激活乡村创业文化 ……………………（ 81 ）
　　第三节　"礼堂课程"绽放乡村老年文化 ……………………（ 88 ）
　　第四节　"展馆游学"繁荣乡村民俗文化 ……………………（ 94 ）

第一章

服务乡村振兴的教育视野

乡村振兴战略的"软着陆"离不开教育这一"新能动"。众多研究者发现,以开放大学为代表的教育类型在服务乡村振兴战略的行动策略和路径选择上高度契合我国乡村现代化建设的宏观方向,可从人才体系优化、产业创新支持、文化环境塑造等维度展开,最终在拓宽乡村人才供给渠道、奠定乡村产业发展后劲、重构乡村文化形态框架方面,彰显教育情怀、智慧与担当,让乡土成"热土"。笔者多年从事开放教育事业,深入开展田野调查,深刻认识到基于教育视野解构乡村振兴战略的内涵,探索基层开放大学服务乡村振兴战略的使命、路径和优势,对于回应乡村经济社会发展、满足乡村精神文化需要和推进构建服务乡村振兴战略的中国特色现代化教育体系大有裨益。

第一节 服务国家乡村振兴战略的新使命

乡村振兴是党的十九大提出的一项重大战略。开放大学尤其是基层开放大学与乡村振兴战略具有良好的契合关系,服务乡村振兴战略是开放大学公益性、开放性的集中体现,是基层开放大学凸显人才培养、文化传承和社会服务三大核心职能的新使命:农业农村现代化是实施乡村振兴战略的总目标,坚持农业农村优先发展是总方针,产业兴旺、生态宜居、乡风文明、治理有效、生活富裕是总要求。

全方位衔接乡村振兴的内涵与需求,要考虑到乡村人口身份和权利结构的变化；乡村新业态培育和产业发展本身转型升级的需求；乡村社会治理和文化的可持续发展。从而在以乡村人才振兴、乡村产业振兴和乡村文化振兴为旨归的基础上，创新乡村振兴与教育发展共生机制，构筑起推进乡村振兴实践的服务性路径，释放开放教育服务乡村振兴的现实价值，为书写乡村振兴新答卷贡献基层开放大学的教育力量。

一、国家乡村振兴战略的提出

2017年10月18日，习近平总书记在党的十九大报告中提出"实施乡村振兴战略"。十九大报告指出，农业农村农民问题是关系国计民生的根本性问题，必须始终把解决好"三农"问题作为全党工作的重中之重。作为以决胜全面建成小康社会为目标而坚持实施的七大战略之一，"乡村振兴战略"某种程度向社会各界释放了一个信号：资源要素配置将继续向"三农"倾斜，"三农"事业大有可为。

没有农业农村的现代化，就没有国家的现代化。乡村是关系中国国计民生的根基，同时也是中国经济转型发展的薄弱板块。

一方面，改革开放以来，青壮年劳动力向城市建设市场的转稳，改变着中国社会结构，乡村走向"空巢"甚至"消亡"成为不争的事实。据统计，1990年我国还有377万个自然村，但这个数据到2017年的时候仅剩下244万个，不到30年的时间有130多万个自然村消失了，相当于平均每天有100个自然村在消失；农村人口则从1998年的8.75亿缩减到2018年的5.6亿。

另一方面，我国人民日益增长的美好生活需要和不平衡不充分的发展之间的矛盾，在乡村最为突出。与城市居民一致的是，乡村农民的需要已经日益超出物质文化的范围而呈现全面性，尤其是共同富裕和全面发展的需要日益突出，"互联网+"的时代将现实生活变得更为透明化，农村居民的需求在新技术的推动下与城市居民需求走向趋同，但是乡村的基础建设、服务供给、政策保障等远远滞后于城市，农民收入水平偏低、公共资源分配差异化明显。

习近平总书记深刻指出，实施乡村振兴战略是关系全面建设社会主义现代化国家的全局性、历史性任务。中国特色社会主义进入新时代，实施乡村振兴战略，推动农业全面升级、农村全面进步、农民全面发展，是解决人民日益增长的美好生活需要和不平衡不充分的发展之间矛盾的必然要求，是实现"两个一百年"奋斗目标的必然要求，是实现全体人民共同富裕的必然要求。

二、国家乡村振兴战略的核心内涵

《乡村振兴战略规划（2018—2022年）》明确提出乡村振兴的五个维度，即乡村产业振兴、人才振兴、文化振兴、生态振兴和组织振兴。深刻理解"五个振兴"内涵，对于开放大学厘清教育服务乡村振兴的方向、选准教育服务乡村振兴的路径意义重大。

1. 产业振兴：乡村振兴战略的基础保证

《国务院关于促进乡村产业振兴的指导意见》明确指出："产业兴旺是乡村振兴的重要基础，是解决农村一切问题的前提。"《全国乡村产业发展规划（2020—2025年）》提出发展乡村产业是乡村全面振兴的重要根基、是巩固提升全面小康成果的重要支撑、是推进农业农村现代化的重要引擎。近年来，象山县坚持农业农村优先发展，积极推进乡村产业振兴，出台了《实施"3435"乡村产业振兴行动方案》，提出构建"3435"乡村产业体系的设想："3"即粮食、生猪、蔬菜3个基础产业；"4"即优势种业、现代渔业、精品果业、白鹅产业4个特色优势产业；"3"即农产品加工业、资源综合利用环保加工业、农产品商贸流通业3个加工流通业；"5"即乡村数字产业、乡村休闲旅游业、乡村文体康养业、乡土特色产业、乡村现代化服务业5个融合产业。

2. 人才振兴：乡村振兴战略的重要支撑

人才是振兴乡村的深厚资源和不竭动力。在"谁来当农民"的追问不绝于耳，每年职业教育院校毕业生回农村占比不足10%的真实写照下，唯有更多知农爱农的优秀人才扎根农村"唱主角"，才能真正写好乡村振兴这篇大文章。这也是国家《关于加快推进乡村人才振兴的意见》精神要领。为破解乡土人才引育瓶颈，激发乡村振兴潜能，近年来象山县在宁波全市率先实施乡土人才职称评审的探索，先后出台《象山县乡土人才初级职称评定暂行办法》《象山县农民初级职称评定暂行办法》《推进"两进两回"发展乡村产业三十条》等系列文件,加快推动新乡贤和青年人才等要素流向农村,使其在农村大施所能、大展才华、大显身手。

3. 文化振兴:乡村振兴战略的动力源泉

有学者提出,中国文化的本质是乡土文化,包括红色基因文化、特色创业文化、传统民俗文化等。因此振兴乡村的本质,便是回归乡土中国,同时在现代化和全球化背景下超越乡土中国。这对于乡村组织振兴、生态振兴、产业振兴、人才振兴具有重要引领和推动作用。为解决城乡文化发展不平衡和农村文化发展不充分的矛盾,处理好文化铸魂与物质塑形、一元主导与多元发展、顶层设计与基层探索之间的关系,自2018年以来,象山县突出海洋文化和乡土文化两大核心,积极实施"艺术乡建"三年行动计划,将非遗技艺、军港遗址、农耕文化、山海风情、景观驿站串入其中,用文学艺术赋能乡村振兴。

4. 生态振兴:乡村振兴战略的发展内涵

生态环境没有替代品,但生态一直是乡村发展的"盲区"。当期中国乡村普遍存在着生态破坏、资源浪费、环境污染、疾病增多等弊病。生态振兴的提出就是要让"绿水青山就是金山银山"的理念深入人心,让"绿色发展、安居乐业"成为中国乡村产业振兴、治理振兴的新支点。象山县把建设"泗洲乡韵""田园定塘""风情茅洋""儒雅山水""古韵墙头"等乡风文明示范线作为解答生态振兴问题的重要抓手和实践载体,主动擦亮"生态"招牌,重塑小桥流水人家、翠竹亭台篱笆、古井菜园黛瓦的旧时乡土印象。

5. 组织振兴:乡村振兴战略的制度保障

"组织振兴"主要指基层党组织的振兴。实践证明,基层党组织是实施乡村振兴战略的"主心骨",基层党组织坚强有力,乡村振兴便会蹄疾步稳。从这个角度看,组织振兴就是要巩固和强化乡村基层党组织的领导核心地位,打造一支强有力的基层党员干部队伍,创构一种村民自治、多元共治、德法并治的现代乡村社会治理机制。为呼应国家战略,象山县组建了象山乡村治理学院,示范打造了"村民说事"品牌,在村党支部、村委会、村监委"三驾马车"基础上,设立"村经济委员会""村民生委员会""村文化委员会""村安全委员会"等专门委员会,探索构建"三治融合"乡村治理体系。

三、开放大学赋能乡村振兴的路径选择

促进社会全面发展是现代大学的重要职责和使命。对乡村来说，地方大学既承载着传播知识、塑造文明乡风的功能，更为乡村建设提供了人才支撑，在乡村振兴中具有不可替代的基础性作用。因此大学应聚焦农村，着力为补齐全面建成小康社会的短板服务。国家开放大学是 2012 年 6 月在中央广播电视大学基础上建立的一所新型高等学校，是我国集中力量发展终身教育的一个创举。前身中央广播电视大学是邓小平同志借鉴英国开放大学的经验，亲自倡导并批示创办的，于 1979 年 2 月 6 日正式开学，旨在打造覆盖全国城乡、服务全民终身学习的"办学共同体"。

宁波开放大学象山学院隶属于国家开放大学系统，是乡村居民"家门口的大学"，更应立足新发展阶段、贯彻新发展理念、服务新发展格局，深入贯彻落实党的十九大精神，主动融入县域经济高质量发展全局，推进共同富裕与乡村振兴有效衔接，围绕乡村振兴中心任务，在人才振兴、产业振兴、文化振兴三大领域精准发力，建成技术先进、功能强大、面向全民的终身教育平台，拓展开放教育与社区教育服务乡村振兴和城乡治理的新路径和新领域，提升开放大学服务地方经济社会发展的贡献度。

1. 做好"育人"的系统文章，着力构建高质量乡村人才供给体系

以落实《国家开放大学综合改革方案》为牛鼻子，承担全面"构建服务全民终身学习的教育体系"的新使命，实现学历教育和非学历教育并重发展，信息技术与教育教学深度融合，让农村居民在家门口接受高质量教育，保持教育与乡村振兴同频共振，培养造就一批现代农业创业农民、农业职业经理人、农村电商能手、乡村工匠、文化能人等共同富裕紧缺人才，建好建强懂农业、爱农村、爱农民的"三农"工作队伍。

2. 做好"促产"的内涵文章，着力夯实高质量乡村产业创新基础

整合基层开放大学的专业资源优势和人才资源优势，实施"产业提档升级工程"把教育和产业两大场域进行融通，做精开放教育、成人教育、社区教育等非学历教育项目，提升社会培训与社会服务能力，将技术技能元素融入产业发展，加快构建基层开放大学支撑乡村振兴的科技创新服务体系，满足农村青年成长发展和回乡就业创业的需要，培养、稳住、留住

服务乡村产业发展的人才，带动乡村产业链延伸，推动乡村产业现代化、集约化发展。

3. 做好"化文"的赋能文章，着力提升高质量乡村文化品牌价值

通过发挥基层开放大学的文化资源优势，探索乡村振兴的"文化路径"。以"文化+"为内圆，以文化助产业、助治理、助建设等方面的高质量文化供给，让乡村居民沉浸于文化之中，增强乡村居民的文化获得感、幸福感，发出乡村文化自信宣言；以"+文化"为外圆，在塑造现代乡风、留住一脉乡愁、唱响美好乡音、共谱多彩乡韵、凝聚各方乡情的过程中，展现乡村独特的红色文化、创业文化、老年文化、民俗文化等精神风貌，实现"人与文化""教育与文化"的双重建构。

四、开放大学赋能乡村振兴的价值审视

基层开放大学作用于乡村振兴战略，是教育显性功能和隐性功能传递与传导的过程，是充分把开放教育蕴含的制度、资本、人力、技术、信息等各类资源优势进行集成和融合的过程。在这一双向互动过程中，反哺教育的职业使命认同、教育的文化自觉自为和自身生命力发展系统。这对建设社会主义新农村，建设终身教育体系和学习型社会，都有着极其重要的价值和意义。

1. 为乡村教育发展提供创新思路

近代中国对乡村教育的关注始于 20 世纪初，其最初的形态是"乡农学校"。教育家陶行知是我国乡村教育运行的"先行者"，1927 年他在南京晓庄创办了晓庄试验乡村师范。以终身教育为理念，以开放为基本特征，从广播电视大学到开放大学的发展中，开放教育始终继承和发扬乡村教育先驱们的教育思想和教育理念，为广大农民的自主、全面、终身发展服务；同时依托社区教育，扩大和丰富教育类型，涵盖了培养新型农民的多层次、多规格、多形式的大中专层次学历教育与各种农村实用技术培训、劳动力转移培训等。这无疑是新时期对乡村教育的全新探索和创新实践，为乡村教育从"流动"走向"稳定"提供了全新思路。

2. 为学习型社会建设提供重要基础

2002 年教育部《关于进一步加强农村成人教育的若干意见》指出：

"农村成人教育是我国教育的重要组成部分,是构建终身教育体系、建设学习化社会的重要内容。"开放大学是终身教育体系的重要组成部分,在乡村振兴战略背景下的农村有着更为广阔的发展空间。尤其是开放大学的远程教育致力于农村终身教育发展的模式探索和机制创新,致力于终身学习理念的传播并将此理念转化为具体的实践,并已经依托远程教育平台在基层构建起了"县—镇—村"三级的学习社区网络,将优质的、适宜的教育教学资源向农村传送,将便捷、有效的公共服务向农村覆盖。这意味着基层开放大学能够成为学习型农村建设最坚实的支持平台,是学习型乡村建设的重要载体。

3. 为追求教育公平提供实现可能

如何让农民子女,家庭教育背景相对较差的学生,获得平等的教育机会,是我国教育改革和发展必须解决的问题。而平民特性正是开放大学最大的特色。一方面,开放大学致力于为农村、贫困家庭学员创造"上大学"的机会,助推城乡教育机会均等;另一方面,致力于为广大农民群众提供丰富的、能不离乡离土就可接受到的教育服务,缩小城乡教育资源偏差。国家开放大学历年学员来源分析统计显示,70%以上的学生来自基层,切实改变了处于社会底层的广大农民的教育状况。这意味着开放大学将在促进教育公平、改善农村民生、建设和谐社会的发展历程中画下浓墨重彩的一笔。

第二节 全国示范基层开放大学的新优势

宁波开放大学象山学院坐落于象山县城东隅,靖南东路与塔山东路交汇处,由原宁波电大象山分校和象山县成人教育中心合并组建而成。历经40余年的发展积淀,学院秉承"优质、智慧、开放"的办学理念,按照国家开放大学"学历教育创优提质、社会培训壮大发展、老年大学做优做强"的"三大战略"总体思路,形成了以终身教育为引领,以远程开放教育为主体,以网络教育、社区教育、继续教育、职业教育和老年教育为多元协同支撑的开放性、多样化办学格局,凭借先进的硬件基础、扎实的专业基础和优质的团队基础成为"全民终身教育的重要载体、推进教育信息化的优质平台、助力乡村振兴的服务高地"。2005年学院以"优秀"等级通过首批开放教育试点项目考核；2010年被中央电大授予"全国示范性基层电大"荣誉称号。

一、基于服务"三农"的经验优势

从1979年的浙江广播电视大学象山工作站到宁波开放大学象山学院，40余年服务"三农"的办学探索为学院服务乡村振兴战略累积了丰厚的经验。笔者作为一名"老开大人"，见证学院的发展历程，坚定认为就全民学习、终身学习的载体来说，基层开放大学的服务对于乡村振兴战略具有最现实的支持性。

1. 融入农村经济发展的办学模式

作为开放办学的新型高校，过去象山学院在面向农村、服务"三农"的办学过程中，以"农村人力资源开发"为主线，走进乡村，面向农村的产业基础，围绕"农"字构建专业及课程体系；贴近农民，面对农村的真实场景和农民的真实需求，选择突出实践技能和地方特色的学习内容，构建了"电大＋职教＋成教"的农村劳动力转移培训和农民大学生培训模式。这种融入地方经济发展进程的办学模式，促使学院在专业共建、资源共享、人才共育等诸多方面，与政府部门、行业企业、普通高校、科研院所、社会组织等具有广泛而深入的合作基础，营造了学院与区域经济社会良性互动的厚重底蕴。目前象山学院已与4所高校、3所职校建立教学支持联盟，与县建筑行业协会等十数个行业组织建立行业支持联盟，与浙江润业建设有限公司等数十家大型企业建立企业支持联盟。

2. 坚守远程教育初心的教学模式

著名远程教育专家彼得斯指出：远程教育发展之初便把"向所有学习者，特别是那些因距离、经济条件不稳定的少数民族或身患残疾而成为弱势群体的人士提供机会这个人道主义重任"视为己任。自办学以来，象山学院一直坚守着远程教育的初衷，不断运用新技术为接受远程教育的农民提供"天网""地网"，营造网络化、开放式的学习环境，使农村偏远地区的学生与大城市的学生同步上课，在充分保障农民学习者学习机会的同时,不断扩大农民学习群体的覆盖面。关注、运用新技术的教学模式为象山学院在新时期注塑乡村教学模式改革,把最实用的知识技能,通过最适宜的方式传授给新型农民学习者。

3. 重视人本情怀的管理模式

一切为了学生,为了学生的一切。这不仅是停留在象山学院宣传视频中的口号,更是学院以人为本传承管理服务模式的真实写照。对教职工,在改善教师工作环境的同时,打造正向激励为核心的文化"后盾";对学员,尊重和满足每一位学员的个性发展需要,营造"有教无类"的良好学习环境,提供现代化、多样化、人本化的支持服务。人情怀的管理模式将管理构架中各类角色变得更加具有主动性和创造性,为激发教师、职工和学员持续投身乡村振兴热情积蓄了内生动力。

二、基于"国开共同体"的资源优势

从2012年启动广播电视大学向国家开放大学改制以来,具有中国特色、体现时代特征的,能够大规模、低成本地普及优质教育资源、满足学习者个性化学习需求的开放大学体系基本建成,同时一个多元多样主体参与、集约集团办学、共建共享的开放式办学共同体也基本形成。"国开共同体"建设以"自愿、平等、合作、共赢"为工作方针,以"共商、共建、共管、共享、共赢"为工作原则,以"统一品牌、统一标准、统一平台、统一管理、统一评价"为运行机制,以实现"各在其位、各尽其责、各展所长、各具特色、各得其所"为目标。由此,整个共同体由总部、分部、地方学院、学习中心和行业、企业学院共同组成。宁波开放大学象山学院作为基础"细胞",完全共享"国开共同体"的全部资源,从而实现办学资源的优化配置及体系优势的整体发挥。

1. 平台共享

国家开放大学充分利用现代信息技术,搭建技术先进、功能强大、四通八达,集教学、科研、管理、服务于一体,能够满足教学、科研、服务和学分认证需要的远程教育云平台。该平台加入AR、VR先进技术和网络直播技术,已建成538间云教室,遍布中国大陆31个省、自治区、直辖市,并进入"一带一路"国家。云教室具有在线面授教学、远程实时教学、课程实时录播、网络直播教学、视频会议及远程答辩等功能，还可以支持各种网络条件下的教学、会议、考试等教学业务的开展。目前，宁波开放大学象山学院已搭建起与国家开放大学网络平台相融相通的网络应用平台，学员可通过教室的PC、Pad登陆在线学习平台，进入云教室，完成在线学习和交流。

2. 课程共享

国家开放大学建立了国家数字化学习资源中心，推进网络平台与优质教学资源的共建共享，提高质量，扩大规模，降低成本。该学习资源中心汇聚了5万多门优质课程，并与其他高校、职业学校、社会教育机构等共建了247个分中心，根据成人碎片化学习的特点，开发了3万门"五分钟课程"。同时，国家开放大学在自身办学体系内和中高职院校里建立了221个数字化学习资源分中心，推出中国普法网、乡村振兴培训网、滇西学习网等公益网站，这些教育学习资源完全向基层开放大学乃至社会开放。目前宁波开放大学象山学院联合奥鹏教育建立了数字化学习资源分中心，其中2019年有11门课程列入市开放大学"在线直播课堂"。

3. 学分共享

国家开放大学通过与有关行业、部委、企业、院校等机构合作，在研制分行业领域学习成果认证标准的基础上，完善学习成果框架，开展学习成果互认联盟建设试点，探索学习成果认证服务体系建设、管理的运行机制。目前，国家开放大学在全国试点建设了47个学习成果认证分中心；与行业企业合作，为42种职业证书制定转换规则；将3种国家职业资格证书和安全部、中国商业联合会、北大青鸟等11种行业企业培训证书引入学院专科学历教育。因此宁波开放大学象山学院可以按照学分累积规则，为每个学习者建立个人终身学习档案，引导学员零存整取并申请获取相应证书，实现学历教育与非学历教育之间的沟通和衔接。

三、基于"三驾马车"的条件优势

近年来，朝着"建设一流基层开放大学"的发展目标，在宁波开放大学的领导下，象山学院坚持走"创新驱动、转型提升"之路，加大资金投入改善基础环境设施，瞄准市场需求完善专业结构体系，通过内培外引强化师资团队实力,以"硬件、专业、师资"三驾马车为学院办学能力和水平的双提升提供了保障条件。

1. 走向智慧校园的基础设施

2019年1月1日,宁波电大象山学院新校区投入使用。该校区总投资近1亿元,占地40亩,总建筑面积约18318平方米,拥有37个标准教室,可同时容纳1500余人学习培训。此外,还设有一个容纳315人的大报告厅、1个容纳120人的小报告厅和6个可容纳240余人的多媒体机房,能满足各种学历教育、非学历教育、社区教育、老年教育、市民终身教育以及与企事业机关单位合作办学等教学活动需要。

同时,在国家"互联网+大学"的倡导下,学院全面开展基于"一路一网一平台"的智慧校园建设,支撑学院向"互联网+大学"转型发展。其一,新生注册、宿舍门禁、智能门锁、入场考试、进出校园等场景落地,防控手段更加精准,智能化应用全面开花;其二,架构"开放的大平台+业务系统+微应用系统架构"的信息技术支撑体系,实现了数据高速传输和面向"人人、处处、时时"提供教学服务的一体化云平台的快速;其三,依托统一身份认证系统、学院网站和学院公众号,打造快捷入口,满足了教育教学和管理需要;其四,建设可容纳40余人的多媒体互动微格教室,基于物联网技术实现了直播授课系统与智慧课堂教学平台的融合。

2. 瞄准社会发展的专业结构

象山学院积极落实《国家开放大学专业设置与管理办法》,扎根象山县域办教育,建立专业发展动态调整机制,依据专业办学规模、学院整体发展需要、共享专业验收结果,拓展小规模专业招生渠道,暂停一批、限制一批教学资源不能满足需要、经济社会效益不佳的专业招生;同时借力产教融合、校企合作建设一批经济社会发展亟需、具有开放教育特色的专业,例如对应象山建筑产业连续14年开办建筑专业,最终形成了一批远程开放教育与高等职业教育相互沟通、本科教育与专科教育相互依存、凸显"三个融合"特色的专业群。

宁波开放大学象山学院先后开设40余个专业,培养了本专科毕业生2.4万余名,近五年来非学历培训达6.5万人次,为象山县经济社会发展输送大批应用型人才。开放教育作为学院主体办学规模保持稳定,截至2021春季班,开放教育在校生2540名,网络教育在校生1434,合计3974

人，开放教育占64%。

3. 对标高水平的师资团队

队伍建设是办好开放大学的重要组成部分。象山学院根据远程开放教育需求，立足"学习+互联网""学习+思政""学习+技能"的"学习+"新形态，深入开展高校教师在线教育教学能力提升研究，充分利用"人工智能+教育"应用模式，建立新型教师培训模式，以培育一支适应"一体化、双模式"办学的"双高、双师、双型"教师队伍；依托大学、行业、企业支持联盟，聘任高校知名教授、行业企业专家参与专业建设和课程教学，使师资队伍形成本校专职教师、外聘高校教师、行业企业专家互为支撑、互为补充的师资结构。现有专职教师56人，兼职教师12位，专职教师中本科以上学历占比100%，高级以上职称21人。

此外，象山学院充分发挥教学名师的示范和辐射作用，努力打造一批师德高尚、素质优良、结构合理的工作室团队，以适应开放大学转型发展的需要。于2021年组建了以笔者为主持人的名师工作室。工作室建设第一年就涌现出全省老年教育优秀班主任、国家开放大学优秀班主任、宁波市终身教育"双百千万"防疫科普先进个人等一批优秀青年教师；团队成员发表各级各类科研论文18篇，立项和完成课题研究10项，其中有关乡村振兴领域的有9篇（项）。

第二章

服务乡村人才振兴的办学探索

乡村振兴的首要任务是破解乡村人才匮乏的瓶颈，实现乡村人才振兴。习近平总书记指出，当前我国进入了全面建设社会主义现代化国家、向第二个百年奋斗目标进军的新征程，比历史上任何时期都更加渴求人才。作为象山县域唯一的开放大学，宁波开放大学象山学院坚持服务国家战略，主动适应数字化、智能化、终身化、融合化教育发展趋势，立足高质量发展和乡村振兴重点任务，始终把人民群众对教育的获得感和满意度作为发展导向，把为农业、农村、农民服务作为开放大学服务社会的重要抓手，由点及面扩大教育服务空间，精心设计多层次教育产品，着力培养乡村管理者、乡村建设者、乡村服务者，提升乡村人力资本的数量和质量，从而以教育链支撑县域乡村治理链、产业链、民生链的全链条闭环体系。

第一节 培育乡村管理者：从"一村一"到"乡村振兴人才计划"

为贯彻党的十六大精神，落实《国务院关于进一步加强农村教育工作的决定》，教育部于 2004 年启动了"一村一名大学生计划"（以下简称"一村一"），依托国家开放大学（原中央广播电视大学）及其系统组织实施。

2020 年，为接续推进全面脱贫与乡村振兴有效衔接，进一步落实《国家开放大学综合改革方案》（教职成〔2020〕6号），更好承担全面"构建服务全民终身学习的教育体系"的新使命，服务好乡村振兴战略，国家开放大学决定在"一村一名大学生计划"的基础上，启动实施"乡村振兴人才培养计划"，并制定《国家开放大学"乡村振兴人才培养计划"实施方案》。

从"一村一"到"乡村振兴人才计划"，宁波开放大学象山学院开设了农村行政管理专科、农村经济管理专科等涉农专业，培养了一批"留得住，用得上""懂农业、爱农村、爱农民的'三农'工作队伍"，有效提升了基层治理能力和水平，为推进农业农村现代化，实现乡村全面振兴提供了人才保障。

一、解村官培养之急，实施"一村一名大学生"计划

2021年4月6日，联合国教科文组织巴黎总部宣布国家开放大学"一村一名大学生"计划获得联合国教科文组织哈马德本伊萨哈利法国王2020年度教育信息化奖。而早在2008年，在国家开放大学的统筹下，宁波开放大学象山学院秉承"扶贫先扶智、扶智靠教育"的理念，就着手启动"一村一"项目，并将首期对象"特设"为乡村干部。

为何将首批教育对象面向乡村干部？这与宁波市乡村管理人才培养需求密切相关。据了解，宁波市各县（市）区早在1999年起，就先后采用公开招考的方式选拔大中专毕业生担任村干部和社区工作人员。从宁波历年招考情况来看，录用人员以大专学历为主体。但问题是这群"引进大学生村官"岗位变动较快，留任不多，流失率高达88%以上。就乡镇这一层面，培育骨干力量、后备力量的手段十分匮乏，农村工作选人用人存在较大困难。

同时，在乡村发展的一线工作中，基层干部需要落实产业发展、搬迁维稳、政策宣传等各项重要任务，常常需要实地走访、沟通协商、细致处理，耗费大量的时间和精力。与基层工作高强度、高难度不对等的是，基层干部队伍在学历层次、治理能力等方面存在明显短板，尤其是部分村干部属于半路出家，兼职处理村上工作，自己在外另有事业，专业化素养不能满足农村工作需要。因此，本土培养一批有管理能力的、有大专学历的

且"留得住，用得上"的农村基层大学生干部成为象山县委组织的"燃眉之急"。

学院抢抓机遇，顺势而为，精准对接中央、省、市相关政策，将"农民大学生培训"作为工作重中之重，主动助力象山经济社会发展。2008年，参照宁波市开放大学《"一村一名大学生计划"技术模式》《"一村一名大学生计划"课程设置规划及专业选课规则》等文件要求，学院受象山县委组织部委托，面向具有高中毕业或具有同等学力（职高、中专、技校）的农村基层干部的学习需求，开设了农村行政管理专科和农村经济管理专科2个招生专业，制定了招生计划。同年秋天，首届"一村一"3个班开班。其中农村行政管理专科专业2个班，共143人；农村经济管理专业1个班，共24人。

"一村一"的主旨是通过现代远程教育方式，借助信息化手段，汇聚优质资源，为更多的乡村干部学习者提供优质教育。因此在课程方面，紧贴农村基层党组织建设、乡村治理以及农村经济社会发展需要的要求，将"一村一"与象山县各农村基层组织建设、精准扶贫、新型职业农民培育以及各种技能培训、文化建设等项目对接，设置了适合当地农民需要的课程，如"行政管理"等核心课程，还开设有农村应用文写作、农村会计实务、农村党建工作实务、农村常见法律纠纷处理技巧、南方种养技术等地方特色课程。

此外，学院借力宁波开放大学资源平台，与区域内的高职等院校合作，在招生、教学、技能培训、共建共享实践基地等方面达成协议，并在政府促动下建立高校、各职能部门、企业、科研机构以及其他社会力量之间的协调机制，通过资源共享发掘和整合社会资源，夯实人才培养的基础，保证人才培养质量符合地域经济社会发展的需要。尤其是国开系统办学资源搭配来自本地高校、农科院、技术推广站、农业发展公司的数十人学历教育讲师团，让学员们既能享受国开系统办学高效整合的一流教育，又能便捷领略本地乡村建设、乡村治理等领域最新成果。得益于此，毕业生留在当地、服务当地农村经济社会建设的比例提升到90%，让一批扎根家乡的大学生村官成为基层组织的顶梁柱。

二、应干部素养提升之需，落实"乡村振兴人才计划"

党的十九大明确提出实施乡村振兴战略，这是党中央着眼于全面建成小康社会、全面建设社会主义现代化国家作出的重大战略决策。《国家开放大学综合改革方案》（教职成〔2020〕6号）提出支持国家开放大学积极服务乡村振兴等国家战略，提出到2035年，人才培养模式和人才支撑体系逐步完善，开放大学培养乡村振兴人才能力和构建乡村终身学习的教育体系能力显著提升，成为国家乡村振兴人才培养和乡村学习型社会建设的重要支撑。

乡村振兴战略的深入实施，离不开坚强的基层战斗堡垒，也离不开坚强的村（社区）干部队伍。乡村干部的学历提升、综合素质的增强十分重要，加强对他们的培养成为重中之重。在国家开放大学的号召下，学院以习近平新时代中国特色社会主义思想为指导，全面贯彻党的十九大、十九届二中三中四中五中全会精神和全国教育大会精神，按照"产业兴旺、生态宜居、乡风文明、治理有效、生活富裕"总要求，于2020年开始启动"乡村振兴人才计划"，从而全面优化基层开放大学办学体系，提升乡村振兴人才培养能力，精准服务乡村振兴战略。

乡村干部文化基础普遍薄弱，若刻板套用传统学历教育的模式和手段，则很难被农民接受。如何既能培养出"用得上"的人才，又能满足个性化、本土化的培养需求？学院根据《国家开放大学专业设置与管理办法》，探索和实施"乡村振兴人才培养计划"与开放教育并行招生的模式，联合各乡镇落实针对村（社区）干部学历偏低、能力偏弱、工学矛盾突出、远程自主学习能力有限开展的专项扶智赋能工程——"村（社区）干部学历素质提升工程"，开设定向培养专班，提高村级组织的治理能力、拓宽乡村干部的工作思路、优化基层干部队伍结构，为乡村振兴提供人才保障和智力支持。

作为贤庠镇小蔚庄村的一名综合事务员，吴雪飞的工作与村民日常生活息息相关。开班首日，她正在学院镇成人校教学点聆听老师讲解保险的相关知识。"以前家里条件不太好，自己也没能上高中，现在举办这个成人培训，让我圆了一个梦。"吴雪飞说："通过系统学习，就能准确解答村民们关于保险的一些问题,更好地为村民服务。"在保险课堂上,原本只能容纳40人的教室,来了近50名学员。

"村(社区)干部学历素质提升工程"这项计划最大的特点就是依托学院的在线学习资源优势,通过量身定制的远程教育培训和学习模式,帮助村、社区干部通过理论学习结合实践工作,把能力、素质、知识面等方面提升到一个新高度,完成学业的村(社区)干部可获取更高层次的学历证书,实现能力素质和学历水平"双提升"。目前,学院依据学员原先所取得的学历,实行春秋两季滚动开设机制,为期一年半,划分为大学专科和大学本科两类,具体开设了行政管理(村镇管理方向)专科专业、农村区域发展本科专业。其中2021年春季专科招生69人,本科招生44人。

在课程设置方面,学院基于"懂农业、爱农村、爱农民"的"三农"育人目标,围绕基层党建、脱贫攻坚、乡村振兴、乡村治理等内容进行设置,并着重进行思政课程、实践课程和选修课程的开设与改革,侧重于政策解读、业务知识培训、纪律作风和党史学习教育等专题方向。

首先,全面深化落实立德树人根本任务,加强思政课程与课程思政建设,从讲政治的高度检视所有课程,沿袭国家开放大学的"1+4+X"整合方案。"1"即国家开放大学的特色课程,突出了习近平新时代中国特色社会主义思想,从2018年秋季学期开始成为一门独立的课程,早于中办国办印发的《关于深化新时代学校思想政治理论课改革创新的若干意见》中的开课要求;"4"即教育部规定的4门思政课程;"X"即中国优秀传统文化和民族理论与民族政策等,打造农村基层干部思想课程体系。其中"1+4"的5门课程全部以5分钟视频学习为主,每个微课程既相对独立,又环环相扣,可根据课程的需要进行积木式组合,体现出"颗粒度微小"和"逻辑关系完整"的有机结合。具体包括《理想信念教育》《农村政策法规》等课程。学院还着重引导教师在专业教学中融入党建专题学习和主题实践教育活动,将政治素质提升有机融入每门专业课程教学始终;组织开展十九大精神进课堂、乡村振兴战略、农村工作实务知识竞赛专题等教学活动,提升学员的政治理论水平和政治站位;开展农村经济、法规和宁波改革发展等方面的教育,引导学员适应农村工作转变和形势变化,着力解决执行政策法律水平低、带领乡亲脱贫奔康本领差等问题。

其次,学院为体现项目服务乡村振兴的人才培养定位,突出实用技术、经营能力和管理能力的培养，注重乡村干部创业就业能力的提升，适当加大了综合实践课模块（包括社会实践、综合实训、毕业论文/设计等）的占比，按照要求做到本科（高中起点、专科起点）综合实践课模块最低毕业学分不少于最低毕业总学分的11%；专科综合实践课模块最低毕业学分不少于最低毕业总学分的16%。

最后，学院也为学员提供了可以依据个人需求的选修课程，从而培养复合式知识结构，实现学以致用，如《农村创业专题与案例》《村官领导方法与艺术》《农村法律服务》《地域文化（专）》《农业区域发展》等特色课程，形成了既科学完整又具有地方特色的课程和教学资源体系，倍受学生喜爱。针对已取得国家开放大学"一村一名大学生计划"专科毕业证书继续报名攻读"乡村振兴人才培养计划"专科起点本科专业的毕业生，允许免修国家开放大学学习指南（1学分）、专业拓展课或特色课1门（不多于4学分）。

在教学实施方面，学院为了主动适应数字化、智能化、终身化、融合化教育发展趋势，主要采用"线上+线下"混合式教学通道，平时由学员依托宁波开放大学网络学习平台，线上自主学习专业课程；线下按照教学计划，每季度集中组织学员到校园或者实地开展课堂教授、现场教学，为村干部提供学历教育和素质提升服务，满足农村基层干部在职学习需求。

在线上教学实施过程中，考虑到全县5乡10镇3街道的村两委干部学员年龄结构偏大（个别学员年龄超过60岁）的现状，学院还专门为这群特殊学员提供国家开放大学和宁波开放大学"在线学堂"等网上学习入学指导培训服务：教师随到随学，点面结合；手把手现场演示，面对面实时解答；从形成性考核的形式、国家开放大学学习网平台的操作及考核特点，到"在线学堂"的操作程序、学习流程以及思政课程考核说明等方面进行了具体讲解。

在教学基地方面，学院积极推动特色教学基地建设。象山县探索乡村治理体系过程中，开创了具有国家级影响力的，"村民说事"制度和其他创新型做法。利用这一优势，2020年开始，学院以助力乡村治理为专题，融合"村民说事"制度成果，在泗洲头镇墩岙村建立"乡村治理基地学堂"，让学员沉浸式、强互动的学习乡村治理制度成果，将"说、商、办、评"为一体"村民说事"制度融合进本村（社区）的发展，创设以村民自治为主的乡村治理格局。基于此，学院设计了泗洲头镇墩岙村"村民说事"实践学习路线，学习时间1天。上午9:00至11:00参观墩岙村村民说事展厅，听村民说事讲座。下午2:00至4:00体验在村民说事制度下墩岙村经济产业发展成果。

机缘巧合，学员黄伦祥参加了泗洲头镇墩岙村"村民说事"，会上，村书记鲍英钱得知，他有回乡创业的情怀，便带着参会的新乡贤们到附近发展精品民宿做得非常好的村子考察。经过多次沟通协商，黄伦祥下定了决心，回到村子创立了一家旅游开发公司，潜心发展民宿经济。很快，墩岙村里第一家精品民宿建成了，摸索出了三种合作的模式：第一种是旅游公司租赁村民闲置房子，由旅游公司建造装修运营；第二种是村民和旅游公司合资，双方分成；第三种是村民自己建造，将装修及运营交给旅游公司，双方分成。这为象山县的精品民宿发展提供了样本。目前，村里已有9家望乡民宿投入运营。

在教学考核方面，形成政治考核为导向的学习评价。结合县委组织部对乡村基层干部的综合要求，把学员学习态度、学习行为的考核作为工作考核的一部分，同时，考虑到乡村干部的文化知识基础比较薄弱，采取开卷、实践考核等多种方式，通过形成性考核和终结性考核环节，把考分落到了平时的网上学习、课堂表现、小组活动等过程中，强调学用结合，通过课程大作业和毕业作业考察学员发现和解决农村工作中的实际问题的能力。

2020年以来，学院探索建立了"县级组织部门提要求、乡镇党委定人选、县级开放大学做服务、宁波开放大学管教学"的合作模式，"线上线下自主学、集中面授统一学、导学教师辅导学、班级小组互助学"的教学模式，以解决当地村（社区）干部社会治理能力不足、学历层次偏低等问题，丰富象山县域村（社区）干部们的知识、开拓他们的视野、增强他们的本领，推动乡村振兴人才先行。下一步，学院将会在深化实践教学、项目品牌打造、典型案例挖掘、学习服务支持、师资队伍建设上下功夫，促使招生数量和招生覆盖面更有力、更广阔，学科设置和专业设置更科学、更合理，跟踪再教育机制更完善、更有效，为基于"乡村振兴人才培养计划"的"村（社区）干部学历素质提升工程"再开小灶、再发力，为象山美丽乡村"头雁"打造作出不可替代的贡献。

【优秀村官典型案例】

"聪敏"书记的治村经：德润人心 臻于善治

文明植阡陌，新风沐乡野。

每天午后和黄昏，象山县涂茨镇旭拱岙村的休闲长廊内，妇孺老幼不约而同来这里休憩闲聊。仿古木质长廊及亭子，装饰着一句句言浅意深、富有乡土气息的话语，悬挂着介绍村史村情及党建宣传的展板。休闲长廊一侧是小公园，暮春时节花草争妍，还放置着一艘诉说旭拱岙历史的"绿眉毛"渔船模型。另一侧是占地20亩左右的人工湖，铺有大红地毯的水上舞台格外显眼，漫步在环湖步道上移步换景、心旷神怡。

谁能想到，这个国家级乡村治理示范村、省级善治示范村、市级美丽乡村示范村、全国加强乡村治理体系建设工作会议现场考察点，10年前却是一个"说话没人听、办事没人跟"的落后村。

对此，村民们一致归功于村党支部书记葛聪敏（乡村振兴项目行政管理专科学员）。正是葛聪敏十年如一日，身先士卒带头干，督促大家齐心干，感召大家明导向、正民心、树新风，才有了今天的美丽和谐新面貌。

善治之纲在于"法"

2012年10月，在镇、村干部的动员下，常年在外打拼、事业有成的能人葛聪敏参与村党支部竞选工作，并顺利当选村党支部书记。然而一上任，他就面临棘手的麻烦：村集体没什么经济实力，村庄建设举步维艰，村里有组织没力量……

"乡村治理，说一千道一万，关键要建强支部、让制度执行严起来，要三治融合、让民主治理实起来。"葛聪敏下定决心对内定规矩、立权威、聚合力，以引进招投标管理办法为切入口，大刀阔斧推动制度改革。在葛聪敏的坚持下，村内造价上万元的项目全部采用公开招投标，按市场造价做好预算，对工期要求、质量标准、违约责任等等全部写进合同、严格执行，外面施工队与本村村民一视同仁。

政策处理制度、公章管理制度等的不断完善，让农村"自治"有了形式保证。近年，全村累计上马项目数十个，涉及政策处理156户、累计拆建房屋160间，没有出过任何纠纷，全村项目工程全部按计划高质量完成，村集体经济收入突破50万元/年。如今，旭拱岙村自立的"八项制度"全文,被刻成标识挺立路旁。"没有规矩,不成方圆"八个字尤其突出。

善治之根在于"德"

乡村是"人情社会"。办事光有硬邦邦的制度不行。葛聪敏的"方法论"是"三公六心":想得公心、讲得公平、做得公正;办事公心、共事齐心、处理问题细心、面对村民虚心、面对困难有信心、做工作要让村民放心。

为让村内形成文明乡风、良好家风、淳朴民风,葛聪敏率先引入了村民"诚信指数"考评制度,从个人品德、配合发展、维护平安、民主管理等方面明确村民的责任和义务,每季度由网格长负责打分考评,年终将积分划分等次。

比如年度平均分低于75分的,其在村内办酒席要按市场价收场地费,在村公共停车场停车要收费,评优入党等事项受影响;而考核分优秀的农户,可以享受一定额度的无担保、无抵押、低利息贷款,以及其他一些权益。2018年起,脱胎于"诚信指数"的"农民诚信指数测评"已纳入宁波新时代文明实践试点工作内容。

同时,葛聪敏提出了建"文化礼堂"的设想:"唯有不遗余力丰富村民文体生活,才能涵养守望相助、崇德向善的文明乡风"。如今,恢弘大气、中式风格的文化礼堂成为了美丽旭拱岙的文化地标:不仅开辟了阅览室、乡土文化陈列室,置办了乒乓桌、台球桌,还在户外建起人工湖、水上舞台、文化长廊、休闲公园,建成点心作坊。

乡风文明吹拂下,旭拱岙的变化使村容村貌更靓更美了,难能可贵的是,向上向善、孝老爱亲、重义守信、勤俭持家等越来越成为村民的共识。正如涂茨镇党委书记欧忠仕所说:"旭拱岙村的善治之举是乡村振兴的一个很好样本,是'东海仙子湾'美丽风景线上的一颗璀璨明珠。"

第二节 培育乡村建设者:从"学历教育"到"终身教育"

党的十九届六中全会通过的《中共中央关于党的百年奋斗重大成就和

历史经验的决议》指出："党和人民事业发展需要一代代中国共产党人接续奋斗，必须抓好后继有人这个根本大计。"同样，乡村要振兴，更是需要抓好后继有人这个根本大计，无论是发展乡村产业，还是乡村文化，乡村振兴归根结底需要培养一批愿意扎根农村的青年人才。如果没有系统性、全面性和专门化特性的继续教育源源不断地培育出一大批的建设者和接班者，乡村振兴就会缺少"可持续发展力"。

随着我国对教育事业的不断重视和经济水平的不断提高，城市的继续教育建设已经取得了一定的成果，但是乡村地区与之相比，仍然比较薄弱。乡村高素质技术技能人才供给与需求之间的结构性矛盾日益突出，要想打破乡村内在的固有的封闭与平衡，必须依托信息技术搭建全民终身学习平台，才能营造"人人皆学、时时可学、处处能学"的学习型乡村，才能提高村民文化水平和综合素质，提升村民的自信心，培育自主学习和自主发展的人力资源，厚植乡村人才发展的土壤。

近年来，学院充分发挥开放大学在学历教育和远程教育领域的先天优势，推出"治招、治学、治教"三大提质创优战略新举措，通过构建多维向度的校际合作办学机制、搭建实时在线的教育学习平台，打造了适应终身学习的公共服务体系，初步实现了从"学历教育"到"终身教育"的转型。目前，学院遵循"实用性、通用性、够用性"的原则，充分考虑农村青年学生的文化基础实情，开辟了高中、专科、本科三类教育通道，满足乡村各阶段学生的个性化、多元化求学需要。2020年学院共招生1200人，年招生万人比达到万分之二十二，取得了历史性突破，获得了宁波开放大学系统招生贡献奖。

一、"技能＋素养"，构建多维校际合作办学机制

2018年国家开放大学启动"技能＋素养"专科（本科）技能人才培养项目，实施了职业资格证书与学历证书相结合的双证书教育。"技能＋素养"项目专科（本科）学历试点班项目是国家开放大学为培养国家紧缺的"创新型高技能人才"而设置的专科（本科）学历层次的技能教育试点项目。"创新型高技能人才"关系到我国乡村产业结构的优化升级、技术创新和科技成果的转化，关系到创新型国家建设的大局和全局，受到了国

家的高度重视,也受到了乡村学生和家长的热烈欢迎。

在双证书教育试点方面,宁波市先行一步。2015年,作为"家门口的大学",宁波开放大学象山学院与象山港高级技工学校签订《"技能+学历"试点项目工作协议书》,并于2016年春季开始面向预备在县域乡村发展的青年学生,围绕定向在农村、定位在基层、定格在领军的价值导向,设立"技能+学历"项目专科学历试点班,首批试点开设机电一体化技术、汽车运用与维修技术、数控技术等匹配和支撑象山城乡一体化发展所需的5个重点专业。标志着学院开启校际合作、双证融通的办学新模式。

与县级技工学校和中职学校合作,辐射开放教育资源,积极构建技校(中职)生"就业+升学"立交桥,其目的在于为推动乡村振兴储备一批高学历、高素质、高技能的实用型"生力军"。因此,在这一办学模式下,技工教学点学生由学院和技工学校实施两级管理,以自主招生、分类招生、注册入学等现有招生制度为基础,共同签订技校(中职)、开放大学、学生三方联合培养协议,明确"2.5+2.5"的一体化学制模式。即象山港高级技工学校高级工班学生在第五学期结束通过学业水平考试后,以同等学力水平注册进入开放教育专科学习。

具体教学管理中,公共课程充分利用国家开放大学线上优质资源组织教学活动;技能实操课程按照技工学校现行教学要求,利用合作学校优质线下教学条件开展教学活动;综合实践课程与乡镇企业紧密结合,将学习过程与工作过程融为一体。因此学生既要接受国家开放大学教学计划规定理论课程教学,又要接受企业开展的学生在岗实训教育。衔接过程中,开放大学的"学分银行"根据学生的终身学习需要建立个人终身学习账户,中高职双方按照统一的学分标准实施学分积累与转换,并根据职业技能资格与学历资格贯通的学习成果认证体系,实现职业资格考证和学历教育之间的沟通和衔接。

以五年制汽修高级工班课程设置为例,第1~4学期学习初中级工内容,主要以基础知识、基本技能及基础岗位能力为主,第4学期完成中级工考证,使学生具备首次就业岗位职业技能,同时为后续高职学习做准备。第5~10学期主要学习专科层次内容及高级工考证内容,以技术技能教育为主,并兼顾学生升学本科的需求。在教学实施上通过模块化的课程让学生根据自身基础和就业方向选择专业课和专业延展课,并结合职业资格考证组织教学。

两校合作以来，已累计招收专科学生1015人。第一批专科学生毕业后开始尝试本科阶段衔接，为此，2019年，学院与象山港高级技工学校增设土木工程本科专业，截至目前已有74人进入本科学习阶段。项目的实施有效提升了学生的技术技能水平，有多名学生在各级各类技能大赛中获奖，其中19秋数控专科学生袁小威多次在接轨国赛的浙江省中等职业学校职业能力大赛中获奖，2021年4月获得零部件测绘与CAD成图技术一等奖；18秋汽修专科、21春机械本科学生林聪江和19秋数控专科学员刘理想获得2019—2020学年度职业教育国家奖学金；学生还主持参与完成创新发明项目32个，其中10个项目成功申请国家发明和实用新型专利。目前，该项目已向县域其他职业学校推广。2018年，学院新增与宁波建设工程学校的校际合作项目，定向培养建筑施工与管理专科专业，招生15人。

以往通常是供给主体提供什么，乡村学生就接受什么，缺乏自主选择内容的权利，学院更关注乡村学生的现实需要，努力进行供给侧改革，依托大数据优势，实现精准供给，满足个性化、差别化的学习需求。因此，以此合作模式为基础，学院整合象山县丹东街道成人学校资源，通过自办和联合办学两种方式，有计划地把未升学的初中毕业生、村妇女主任、村后备干部、企业员工、适龄应征青年等列入特定办学对象，专门为有学历提升需求的青年农民量身定制以"成人职业高中"与一定职业技能为目标的"双证制"教育培训班。

此类班级，一般教学时间为1年，具体设置语文、数学、社会科学、公民道德和法律基础等文化素养课程和计算机、农业实用技术、绿色证书等相关技能培训课程，学生毕业后即可获得相关的学历证书和职业资格证书。教学过程中采取面授和自学相结合的函授形式，并在2019年开始采用小班制。近年来，学院在深入调研的基础上，充分结合市场需求，理清培训工作思路，开展了一系列切实可行适应农民学员意愿的岗位培训，主要包括月嫂培训（育婴师培训）、农产品质量安全、计算机基础知识与基础技能等实用技术培训，取得了较好的社会效果，以此推动农村成人教育由扫盲教育、农业实用技术培训向素质教育、创业教育、终身教育转轨。

不久前，柳承龙捧着新领到的成人高中学历班毕业证书笑得合不拢嘴："要跟上时代的步伐，有了高中毕业证书，以后还要在成校报大专班呢！"无独有偶，学员陈宏杰在课后说道："以前没机会读书，总感觉自己文化不够，趁着这次学习机会，让自己学到更多的基础知识。"此次泗洲头镇共有60名来自基层农村的学员领到了成人高中学历班毕业证书，他们中年龄最大的59岁，最小的19岁。自开班以来，他们在久违的课堂上表现出较高的学习热情，到课率在80%以上。

除了向下辐射之外，学院还主动向上延伸，与西南大学、东北师范大学、大连理工大学、北京中医药大学等高校联合办学，服务部分优秀的中专毕业生、获得认证的农村高级实用人才以及市级以上的农民专业合作社理事长素质提升的多样化需要，为新型职业农民学历、能力的全面提升开辟了更大、更高的通道。目前，学院开设本科、专科共35个专业，且连续13次获"西南大学网络教育优秀校外学习中心"的荣誉，更是在2021年获得"中国高校现代远程教育优秀校外学习中心"称号。

二、"PC+移动"，搭建远程实时在线教学平台

开放教育的教育教学，除了集中面授辅导课外，需要借助网络和多种媒体资源满足农民学员自主学习的需求，以适应经济科技飞速发展社会的基本需求。《国家中长期教育改革和发展规划纲要（2010—2020年）》中指出：大力发展现代远程教育，建设以卫星、电视和互联网等为载体的远程开放教育及公共服务平台，为学习者提供方便。

信息技术与教育深度融合，这也正是开放教育发展的内涵和使命，二者的融合，既不是机械地相加，也不是简单地把信息技术当作教育发展的工具或者手段，而是信息技术触及教育深层次内涵的转变，包括人才培养机制的创新、教育观念的更新以及教学过程、教学内容、教学方法的改变等。

这就意味着学员自主学习的实现，需要教师实现由传统的"教师"向"导师"角色的转换，实现由"授鱼者"向"授渔者"角色的转化，达到由"教会知识"转向"教会学习"的终极目标。同时，无论是从教师的教学设计，还是教学支持服务都应该尽量考虑到不同学习者的差异性，力求达到学习效益最优化。

而在远程教育领域，学院作为国家开放大学的"细胞"有着得天独厚

的优势。我国开放大学体系的实际上是已运行40余年的广播电视大学系统的转型形式，已形成了一个覆盖全国城乡的办学网络，远程教学基础设施、远程学习支持服务和质量保障体系等已有相当厚实的基础。此外，据中国互联网络信息中心（CNNIC）在京发布第48次《中国互联网络发展状况统计报告》显示，截至2021年6月，我国农村网民规模为2.97亿，互联网普及率为59.2%，而城乡互联网普及率却降至19.1个百分点。

在农民远程教育的硬件基础已经基本具备的当下，学院进一步深化以远程教育为内核的开放教育资源，依托"国开学习网""一网一平台""在线学堂"已基本完成农民学员实时在线教学平台"PC端+移动端"的搭建。远程在线课程运行期间，共开启运用了包括QQ群（微信群）、电话和手机短信、课程网页和论坛以及电子邮箱四个平台。QQ群（微信群）平台主要提供课程学习资源共享以及即时答疑和交流；手机短信平台主要用于每周学习任务；课程网页平台呈现了最全面的课程资源，包括视频、文字，其中论坛成为课程学习成果的讨论互动区；电子邮箱用于收发各种调查问卷、提供满足学生个性化需求信息的职责等。

基于此，学院教师们的在线教学模式主要有：一是目标引领模式，将传统的课堂学习模式和在线学习模式相结合，实现网上网下一体化；二是任务驱动模式，通过导学案开展教学指导，在教学中给学生布置相应的学习任务，对学生网上提交的作业进行评价；三是实践指导模式，围绕学生社会实践、创业决策仿真大赛等教学活动进行面授或在线互动。

2019年，学院在国家开放大学的号召下依托"在线学堂"启动"在线直播课堂"。直播课程是线上学习的形式之一，也是线上录播课程的进一步延伸。在线直播大班课，可以算是疫情期间最适合农民群体的学习方式。为了夯实在线教学功能，用好"PC+移动"双端教学介质，学院从师资调配、课程资源共享、师资培训、教学设施建设等方面统筹推进，发挥课程中心、教发中心、信息中心等多部门对在线教学规范设置、技能提升、技术保障等方面的作用，先后开展"慕课与翻转课堂：基于现代信息技术的教学改革""微课制作与应用""学与教的新认识"等在线教学技能提升培训20余次，出台直播教学规定，以此不断完善"开放+平台+系统"的发展新型架构。

"在线直播课堂"运行中，班主任是在线直播课程的助教老师；由助教老师创建课程班级，加入学生信息；"在线直播课堂"开播一周前通知学生使用课程，辅导学生在网页端和 App 端登录，参与听课学习，在线交流讨论，在线直播课堂期间，班主任进行日常巡课。依托宁波开放大学资源，学院"在线直播课堂"中已包含《可编程控制器应用》《多媒体技术基础》《工程数学》等近 200 门课程及相关教学资源。2020 年年初，新冠肺炎疫情爆发后，学历教学课程开展全网上教学，开设超星直播课程 18 门、QQ 直播课程 34 门，共计 2080 课时，实时和非实时 BBS 共 624 小时，开展网上毕业论文指导和社会实践指导 4850 余次。

在线直播课堂通过网络实施教学，照顾到了个体的差异性，学生可以根据自身需求，自主规划学习，将学习时间和学习节奏等更多的选择权交还给学生，并且能通过回看节目单反复学习。在效果上，直播课程更有临场感和互动性，乡村学生通过实时观看和问答，增强了参与感与信任感。疫情期间，全在线教学的开展使得每个学习者都能利用电脑、手机、iPad 等终端开展时时、处处的学习。

这种教学模式的实施，也能促进教师专业提升，实现师生双赢，从而进一步提高开放教育教学水平。老师在平台上，既能展现自己，也能反观自己，更能学习他人，学到好经验、好理念，开阔了视野，尤其是在线教学运用讲授法、案例教学法、情景教学法、读书指导法、演示法、任务驱动法、探究法等教学方法的教学技能得到了检验和提升。叶岳老师在宁波开放大学 2021 年青年教师教学技能竞赛中获三等奖，吴慧珍老师和余亚娣老师分别获宁波开放大学 2021 春季学期学习网"教学之星"、宁波开放大学 2021 春季学期学习网"助学之星"。

下一步，学院还将适应并融入"互联网+"时代，借力大数据、云计算、人工智能等信息技术，探索云视课堂教学模式，打破优质资源自上而下的传播方式，实现自下而上的资源共建、共享模式，将更多象山县域特色的农民教育资源推向其他乡村，真正建立网络教学与面授教学、自主学习与协作学习、个性化学习与师徒传承学习、理论学习与实践实训学习等相结合的混合式教学模式。

三、"线上+线下"，完善学生教学服务管理模式

先生陪着孕妻来学习，妈妈带着读小学的孩子来上课……这样的课堂

场景在线下教学辅导过程中并不罕见。同时，开放教育以远程在线为主体，学生们往往通过网络平台参与教学活动。因此，如何为年龄差距极大、生活角色各异的乡村学生尤其是农民学生营造开放的教学氛围，对学院构筑网上网下一体化的教学、测评、管理平台，实施线上、线下并行的教学服务与管理提出了较大的挑战。

线上服务与管理方面，为了引导学生在入学后尽快适应由"传统的学习观"向现代远程教育的"自主学习观"转变，出台了《象山学院开放教育教学管理基本框架》《象山学院开展入学导学的实施方案》《象山学院在线学堂管理办法》《象山学院网上教学行为规范》等系列规章制度。为了提升学生自我管理与自我发展、运算应用、技术应用等现代信息技术学习技能，学院探索了"教务处专人督学、任课教师导学、班主任促学"的管理模式，帮助学生自主、科学、合理地选择课程，根据课程设置、教学资源及自身实际情况制订个人学习计划及课程学习计划，并在学习过程中实现自我监控、自我反馈和自我调节。基于此，2020年9月，学院顺利完成常态化疫情防控下在家在线的期末考试，其中大连理工大学共计141门课程1322课次实施了在线考试，开考率96.4%；东北师范大学共计199门课程207课次实施了在线考试，开考率94.7%。

线下服务与管理方面，学院也相继出台《象山学院开放教育面授课管理办法》《象山学院开放教育实践性教学环节管理办法》等系列文件，进一步规范课堂教学行为，提高面授课教师上课自觉性和学生到课率，提高实践性教学质量。例如明确规定：实验课指导教师按《实践环节教学计划书》的要求指导学员完成每个环节，为了提高学生的实际操作能力，以每组实验人数不超过3人，每位教师每课时辅导人数不超过20人为宜。

在整个教学过程中，学院还尤其关注学生形成性评价改革，以此创设更契合学生可持续发展的正向情感体验，提升学生的学习积极性和自觉性。例如每学期以学生线下纸质作业为主，开展形成性考核册展评活动。从学生考核册和教师评阅两方面进行展评，其中学生考核册分班级自评和学院展评两个阶段进行。在此基础上完成教师优秀作业评阅的展出。展评活动不仅为师生们提供了一个展示和交流的平台，还充分彰显了学院师生一丝不苟、务实严谨、认真踏实的个人风采，达到了取长补短，博采众长，共同进步的目的。

不止于此，学院还积极开展"喜报到家""喜报下企"活动。2021年11月9日，学院教育教学处一行5人专程驱车宁波胜维德赫华翔汽车镜有限公司和宁波劳伦斯汽车内饰有限公司向2名优秀学生亲手送上国家开放大学奖学金喜报。学院此次共向12个开放教育优秀学生发放了"2020年度国家开放大学奖学金"，共计发放18000元。通过"喜报到家""喜报下企"进一步完善了全员、全程、全方位的教育教学生态化支持"闭环"，让学习更主动，让协调更高效，让教育过程有迹可循，给学习者带来更多具有创新互动的学习过程体验，与学生共建教育教学新生态。

第三节 培育乡村服务者：从"城市社工培训"到"乡村专职社工培育"

党的十九大提出实施乡村振兴战略，最重要的政策内涵是统筹城乡融合发展，实现农业农村现代化。乡村振兴战略从指导思想上打破了"城乡二元"发展思维，赋予农村发展与城市化同等重要的地位，更赋予了发展农村社会工作广袤的空间。中共中央办公厅、国务院办公厅印发的《关于加快推进乡村人才振兴的意见》中，把加强农村社会工作人才队伍建设作为培养乡村治理人才的重要内容，强调要"加快推动乡镇社会工作服务站建设"。

社会工作强调以专业工作帮助弱势群体，恢复和增强其社会生活的能力。乡镇社会工作服务站的建设无疑对社会工作专业人才培养提出了新的要求——兼具社会工作专业能力和乡村治理服务能力。为培养本土乡村社工人才，培育乡村社会组织发展，激发广大群众的内生动力，积蓄乡村振兴的巨大活力，近年来学院主动作为，瞄准新时代社会工作者能力提升需要，走出了一条从城市到乡村的专职社会工作队伍培育培训模式，为象山县构建"城郊融合型乡村社区"提供了爱农村、懂农民、善服务、会管理的人才保障。

一、乡村振兴赋予乡村社工新内涵

站在治理视角，一个国家社会文明程度的高低与其所提供的社会服务体系完善程度的好坏关系密切。国外学者认为，当一个国家和地区的社工数量占总人口比例的千分之二时，意味着社会服务体系相当完善和成熟。根据民政部网站发布《2020年民政事业发展统计公报》，截至2020年底，我国社会工作专业人才的总量已达到150万人。《社会工作专业人才队伍建设中长期规划（2011—2020年）》提出的社会工作人才队伍建设目标已经完成。但是若按照国外比例计算，我国未来还需要300万人以上的社工专业人员。

自2008年启动社会工作者培训项目以来，学院发现，对比数量缺口矛盾，中国社会工作发展的矛盾更突出地体现在结构上的失衡。一方面，现有从业人员总体上学历、水平较低，我国150万社会工作者中接受过社工专业高等教育的人员只占3%左右，接受社会培训获得证书的人员为66.9万人，其中助理社会工作师50.7万人，社会工作师16.1万人，结构层次呈"金字塔"状，无法有效应对和解决新的、复杂的社会问题，难以提供系统化的服务，难以满足高质量发展阶段的社会服务需求。另一方面，我国的社会工作者大多活跃在城市，其工作领域主要集中在民政、妇联、慈善机构、社会团体、社区服务机构、街道办事处等相关组织单位，主要服务范围包括养老、医疗卫生、教育、社会保障、心理辅导等，因此服务范畴尚未覆盖乡村，社会工作者真正扎根农村、服务农村的数量很少，难以满足城乡融合发展新阶段的社会服务需求。

这与社会工作是一个"舶来品"有一定关联。北京大学社会学系教授王思斌认为，中国社会工作教育从20世纪80年代恢复重建以来，基本上学习西方社会工作的教学体系，在大部分农村地区社会工作还处在近乎空白的状态。"脱离农村"表面上看，是培养与使用之间脱节，实际上与政府的政策引导、市场化用人制度，以及社工人才的价值观和职业理念有关。具体矛盾表现在两个方面：第一，基层社工教育体系的不完善，当前社会工作相关专业的课程体系中有关农村、农业的知识非常少，大部分知识理论还是针对城市社会问题而建立的，缺乏农村实地调研，忽略农村社会问题；第二，基层社工保障体系的不完备，导致具有专业背景的社工人员更倾向于城市就业，有调查显示，在农业院校毕业生中，65.8%的人选择希望到国家机关、高校、科研院所就业，31.5%的人选择企业，只有2.67%的人愿意去农村，这大大影响了农村社会工作的发展。

然而，从我国面临的总体形势来看，结合中央已提出的乡村振兴战略，我国社会工作的发展要进一步走向乡镇（街道）和村（社区），走进城乡居民特别是贫弱群体的生活，向他们提供适宜的服务，这是社会进程的必然之路，有充分的现实合理性、专业合理性和制度合理性。2020年10月，民政部提出，力争到"十四五"末，实现乡镇（街道）都有社工站，村（社区）都有社会工作者提供服务。根据国家统计局数据，2020年我国的农民有5.6亿人左右。这就意味着农村社工人才需求约112万人。

在国家政策驱动下，2019年，浙江省委、省政府制定出台《关于推进新时代民政事业高质量发展的意见》，将乡镇（街道）社会工作站建设写入省委、省政府文件；2021年出台的浙江省民政事业发展"十四五"规划，也将社会工作站建设纳入其中，明确提出"十四五"期间要实现全覆盖。在浙江省，省民政厅还提出了关于乡村社会工作人员配置的标准：乡镇（街道）社会工作站应配备持证社工不少于3人，专职在社会工作站工作。截止到2021年，浙江省共有乡镇（街道）社工站466家，配备社会工作人才1393人。这意味着乡村社会工作者必须向专业化、职业化转型。

从写入文件到列入发展规划，在乡村振兴大背景下，农村社会工作已被提高到增进民生福祉、提高农村治理水平的地位，赋予社会工作者更多的时代使命：一是推动平等、公平的社区治理体系的建构，推进乡村社区民主自治；二是推进公民素质教育，通过宣讲等方式培养和提升村民的公民意识和公民素质，增强其参与治理行动的能力；三是加快乡村社会组织的建立与运营，协助村民搭建乡村社区治理的组织平台；四是重塑乡村社区的社会关系，帮扶农村三留守人员（留守老人、留守儿童、留守妇女），营造新型乡村社会团结文化氛围，为满足村民美好生活需求而培育乡村社区社会资本。

因此，打造一支规模庞大、结构合理、素质卓越的高水平乡村工作队伍显然格外重要。早在2003年民政局社区社会工作的意见就提出，希望能到2020年，不论是专职人员、服务人员还是党组织人员，都需要有社会工作的专业知识来武装自己。2015年修订的《中华人民共和国职业分类大典》将社会工作者明确列入"专业技术人员"大类;2017年公布的《国家职业资格目录》将社会工作者职业资格明确为"水平评价类专业技术资格";2018年3月,人力资源和社会保障部、民政部发布了《高级社会工作师评价办法》,标志着我国初、中、高级相衔接的社会工作者职业资格制度体系基本建成。

那么规模化、专业化、职业化的乡村社会工作者又应具备何种职业素养和职业能力呢?受重庆师范大学教授启发,学院立足乡村社会工作人才培养角度,从价值理念、知识体系、实务能力三个维度分析,认为乡村社会工作者的职业素养和职业能力应包含优势与能力为本理念、社区命运共同体理念、城乡融合发展理念、"三农"发展知识、乡村治理知识、社区营造知识、社会分析技巧、社区设计技巧、社会照顾技巧以及社会动员技巧等十个方面。这需要开放大学依托已有的教育资源,加大对乡村社会工作者的培育与培训,在价值引领、模式探索、服务完善和技术训练的基础上,促进其职业素养与职业能力的规范化发展。

二、本土培育乡村社工的路径探究

近年来,我国社工学历教育总体规模不断扩大。据统计,全国现有106所高职院校开设了社会工作专科专业,340多所高校设立社会工作本科专业,150多所高校和研究机构开展了社会工作硕士专业教育,全国范围内共有17个社会工作方向的博士点,每年培养社会工作专业毕业生近4万名。这样的培养规模特别是高层次人才培养数量还不能满足乡村治理需要。相当一部分院校培养时重理论轻实践,培养目标与产业行业发展、市场需求脱节,毕业生应用能力不强。因此,高水平乡村社会工作者培育成了基层开放大学的新挑战。

学院自2011年重启社会工作者(含乡村社会工作者)培训以来,逐步形成了"创新立足城乡融合的社会工作人才培养模式"的理念,探索实践了分层培训与全体培训相结合、集中组织和在线自学相结合、专业技术和职业素养相结合、理论学习与实操处置相结合的"四结合"培训模式,每年开设城乡社会工作者培训班,以彰显基层开放大学服务国家发展的责任担当，推动乡镇（办）社会工作服务站建设。

在教学内容设计方面，学院按照"社会工作专科+助理社工师（或社工员）""社会工作本科+中级社工师（或初级社工师）"一体化设置课程体系，依托国家开放大学和宁波开放大学的教育教学资源，基于"三维+要素"，从培养具有中国特色的本土化、实用性社工人才角度选择乡村社会工作者培训的内容，侧重强调实务技能，强调基于实务经验总结的知识与规范，遴选和开设《社会工作综合能力》《社会工作实务》《社会工作法规与政策》等系列课程。其中面向助理社会工作师（初级）主要开设《初级综合能力》《初级社工实务》等课程；面向社会工作师（中级）主要开设《中级综合能力》《中级社工实务》《中级政策》等课程，既解决知识和专业的系统性与严谨性等问题，又要满足乡村干部对适用课程的需求。

在培训模式创新方面，学院教学工作立足城乡社区专职工作者的特点及现实需求，采取送教下乡、参观访问、小组沙龙等多种方式，坚持基础理论教学和实践教学并重用，理论教学采取课堂面授、案例分析。通过提问、分组讨论等形式，进行互动，每个学员都有较充分的参与，分享自己的经验，加深对问题的理解。学员反馈表明，他们对经验层面的知识和技能较容易接受，能有效提升基层经验和理论水平。实践教学以基层实践为主，辅之以专业讲座、考察调研等形式，贯穿培训全过程，以此提高象山县乡村社会工作者的实践能力，让其真正明确了"到村为什么、到村干什么、到村怎么干"，满足了乡村社会工作者的职业发展和自身发展的需要。

为了拓宽学员视野，学院还从"宏观视角、直面问题"出发，既邀请国内外社会学领域知名的专家、学者、教授组成讲师团，又发挥优秀学员的典型榜样作用组建本土"乡村社区工作者培训师"团队，通过开设各类讲座等形式，围绕乡村社会工作实务前沿理论、疫情防控、三留守人员帮扶等主题，帮助学员对乡村社会工作的现状与发展有更加全面、立体、宏观的把握。由此，学员建立了审视社会问题的宏观视角，且通过有效的课堂学习扎实了专业理论知识和专业方法，通过基层的实践提升拥有了敢于直面社会问题的胆识和气魄；通过灵活多样的政治学习和社会实践，具备了外显于形内化于心的人文情怀；通过教师人格潜移默化的影响、社工志愿精神的浸染熏陶，坚定了学员"以人为本、助人自助、公平公正"的专业价值观。

例如 2020 年 9 月的全国社会工作者职业水平考试考前培训上，学院邀请浙江工商大学社会工作系主任马良等教授授课，从知识点掌握、备考策略和应试技巧等方面，系统地讲解了社会工作实务（初级和中级）、社会工作综合能力（初级和中级）、社会工作法规与政策等课程。同时组建了钉钉群、微信群，通过"线上+线下"丰富多样的教学形式，为学员们答疑解惑，方便他们在相互交流、相互督促中共同进步。得益于此，学院社会工作者培训班的平均考试通过率约为 40%，远远超过全国同类考试 10% 通过率的水平，让更多的社会工作者通过考试达到持证上岗，确保象山县社工职业资格证书的持证率逐年提高。

目前，学院已为象山县各街道、社区培育培训了 2000 多位社会工作者，覆盖各乡镇社会工作站，不断壮大了象山县社工人才队伍，逐步提高了象山县社会工作者职业能力和服务群众水平，促使越来越多的社工人才深入社区村舍，走进田间地头，变"短期介入"为"长期扎根"，把服务对象由特殊人群拓展至普通人群，引导农村各类群体在乡村振兴领域的参与和互动，营造共建美好乡村的共识，凝聚起共同的乡愁梦，加快乡村振兴步伐。

未来，学院将发挥开放教育平台优势，与象山县社会工作相关的政府部门、行业协会、社会工作服务机构、社区组织共同成立"社会工作人才培养政产学研用联盟"，通过联盟搭平台，以平台为纽带，整合资源，紧密围绕象山海岛乡村治理需要，从招生培训到就业发展等各个环节，各方协同创新，全程闭环合作，产教深度融合，实现无缝对接。一是联合开办专业，产学各方共同设置专业或专业方向，商定发展规划与招生计划，产方为专业发展提供支持。二是联合进行培养，产学各方共同制定培养方案，共同参与招生，来自产业的专家全程参与教学培养工作，通过开发课程、授课及教材编写等环节，参与学员入学至毕业论文答辩人才培养全过程，真正实现深度联合培养。三是联合建设实训基地，产学双方发挥各自优势，通过共建实训基地，有效地解决传统培养过程中理论与实践脱节以及应用能力虚化问题。

第三章

服务乡村产业振兴的特色样本

产业兴旺是乡村振兴的重要基础,是解决农村一切问题的前提。从系统论来看,乡村振兴建设是母系统,作为乡村振兴的向度之一,现代农业产业体系构建则是其子系统。乡村振兴要向纵深发展,必须形成地域特色鲜明、创新创业活跃、业态类型丰富、利益联结紧密的乡村产业群链。国务院《关于促进乡村产业振兴的指导意见》中明确提出"加快构建现代农业产业体系、生产体系和经营体系,推动形成城乡融合发展格局,为农业农村现代化奠定坚实基础"。

目前,象山乡村产业正在走向一二三产业高度融合发展的道路,休闲农业、创意农业等业态得到发展,成为农业新的增长点。为在提升农业、繁荣农村、富裕农民的乡村产业振兴战略中发挥开放大学的资源优势,提振学院的社会服务水平,近年来学院主动立项乡村振兴项目,围绕象山农业、渔业、建筑业、旅游业等发展需求,以高素质农民、新型职业渔民、乡村建筑工匠等培训为主线,与政府农技推广机构、农业科研院所、社会化服务组织以及新型农业经营主体等紧密衔接,搭建了集技能培训、技术指导、技术推广等为一体的社会服务平台,带动农业向绿色、智能发展的技术变革,走出了一条可持续的农民增收和乡村富裕之路。

第一节 对标现代农业深化"高素质农民"特色培训

随着工业化、城镇化进程的加快,农村劳动力转移分化日益加剧,农户兼业化、村庄空心化、人口老龄化问题日渐突出。同时，未来农业的发展方向是高产、优质、高效、生态、安全，农业技术创新的方向是向轻简化、机械化、精准化、信息化、智能化发展，这要求传统农民向懂研发、懂技术、懂管理的专家、能人转变。"谁来种地""如何种地"已成为我国农业现代化必须面对的现实问题。

象山县作为一个农业县，该问题更为突出。由于大批青壮年农民转移就业，超过80%的农村生源大中专毕业生基本留在城市和二三产业就业，导致现在农村留乡农民素质普遍有所下降，具体表现为两大困境：一是留地农民老龄化问题严重，从业人员平均年龄近50岁，农业劳动生产率不足第二产业的1/4，不到第三产业的1/3，留守女性多、兼业化普遍，农业生产后备力量匮乏；二是务农农民素质形成明显的"洼地"，调查显示，象山县农民不识字或很少识字占1.75%，小学程度占24.69%，初中程度占61.93，高中程度占7.99%，中专程度占2.24%，大专以上程度占1.44%，受教育程度农村人口与城镇人口差距较大。

自2012年起，中央一号文件连续四年强调要"大力培育新型职业农民"。2020年的中央1号文件在"强化农村补短板保险措施"中提出"加快构建高素质农民教育培训体系"，可见对高素质农民培育和培育体系的重视。在农业农村部发布的《高素质农民培训规范（试行）》中对各地实施高素质农民培训，推进农民教育培训提质增效提出了"围绕全产业链，分类分层分模块开展培训，提升农民科学文化素养和农业生产技能水平，加强自我发展能力"等具体要求。

《浙江省人才发展"十四五"规划》中也明确提出要实施现代农民培育计划、农村实用人才培养计划、十万农创客培育计划，发展壮大农业产业生产人才、农村二三产业经营人才。同时，大力推行农民职称评定和职业技能等级认定；加强乡村科技人才培育、深入推进青年和乡贤回乡。到2025年，培育高素质农民10万人。

在国家战略背景下，在宁波开放大学的统筹下，在象山县农林局的牵头支持下，学院根据《象山县现代农业发展扶持办法》《象山县高素质农民（新型职业农民）培育实施方案》等系列文件要求，在服务乡村人才振兴、服务农民全面发展过程中逐步完成了从新型农民培训到高素质农民培育的跃进，培养了一批有文化、懂技术、善经营、会管理的高素质农民队伍，不断为乡村产业振兴提供技术"引擎"。目前，学院已累计举办柑橘、水稻、草莓、养殖等多个新型职业农民培训班，培训学员2000多人次，已认定新型职业农民1870人，培育种植业科技示范户108个。学员顾品、肖明朗等四人编入省级新型职业农民典型材料；学院《以需求为导向，新型职业农民培育的实践》的课题成果被列入宁波市重点课题；《乡村振兴背景下新型职业农民培育的实践》获宁波市职成教教学突出成果。

一、"三维"需求，精准组班

从经济学角度看，高素质农民是市场的主体，通过市场需求从事农业生产，并参与加工、物流、销售直到消费者餐桌的全产业链的参与者和供给方。因此，在组建培训班级和确定培训项目时要从农业产业结构布局、农业产业技术升级、农业产业融合趋势三个维度进行深入调研，才能真正满足农民需求，精准组建培训班级，丰富培训内容，最终提升培训对象的生产组织、人员管理、市场开拓、产品营销和风险防控能力。

1. 面向农业产业结构布局，对应组建本土产业培训班

高素质农民培育培训内容要围绕本地的农业特色优势，以产业为依托。象山县为农林牧副渔综合性农业经济地区，发展基础良好，是浙江省农产品的重要地区和出口基地。目前象山县已形成柑橘、杨梅、浙东白鹅、外销蔬菜、大黄鱼等产业。同时各乡镇又有本地区域的特色产业，如墙头镇的草莓产业、泗洲头镇的中药材产业、鹤浦镇的紫菜产业、高塘岛乡的西瓜产业、西周镇的水稻产业、晓塘乡的柑橘和葡萄产业、新桥镇的枇杷产业等等，基本形成了"一乡（镇）一特色产业"的品牌效应。因此，根据象山县本地产业结构布局的实际情况，学院把全县产业和区域产业结合起来，重点举办柑橘、草莓、水稻、养殖、蔬菜等培训班，以满足本土产业发展需要，为县域乡村农业经济发展服务。为了确保开设班级规模与产业需求一致，学院还提前制定培训菜单，发放意见征求表，了解各乡镇各产业的培训需求。如柑橘培训班，学院原计划招收1个班，招40人，但通过调研发现农民对"红美人"种植技术有强烈需求，于是扩展到2个班级。

2. 面向农业产业技术升级，对应增设新兴技术培训班

农民参加培训目的是想掌握知识、技能，使自己的"事业"获得更大

收益,因此学院主动瞄准农业产业技术升级,及时纳入新品种、新技术,授之以渔,从而促使农产品经济效益增加,促使农民真正走上致富之路。例如,柑橘培训班,以前培训只讲柑橘修剪、施肥等技术,但2016年以来,结合"红美人"橘子价格30元左右一斤,柑橘农户收入可翻几十倍的市场现象,学院把"红美人"管理技术纳入该培训班的主要内容。水稻种植班,当了解到农民开展"稻鱼""稻牧""稻经"三种融合模式后平均亩产值达6000元(约为纯水稻种植的2.4倍),并可实现经济、生态和社会效益多赢之后,学院将"水稻+"高效生态新型种养模式作为主要培训内容。养殖班则添加了发酵床使用这一培训内容,发酵床养殖技术,又叫"生态床"养殖技术,是一种通过微生物菌发酵生产有机肥的畜禽养殖方法,在养殖过程中,可使养殖户避免清粪和粪污处理工作,达到低污染、低支出、高回报的效益。

3. 面向农业产业融合趋势,对应开拓特色项目培训班

农业一二三产业融合发展是现代农业和品牌农业的本质特征,是经济发展的必然趋势。一二三产业融合是指,全产业链或者产业链上多点增值,有搞种养的,有搞加工的,有搞销售服务和在第三产业上进行观光、休闲、养老、采摘、亲子、文旅等延伸价值的,使原本作为第一产业的农业变身为综合产业,使农产品增值,让农民和农业企业增收。因此,学院结合象山县域农业产业融合尤其是农旅融合大趋势,在配合产业链延长和推动一二三产业融合发展方面下功夫,着力打造有机蔬菜、特色林果、有机茶叶、休闲农业、观光农业、采摘农业、体验农业等特色培训项目,以期通过高素质农民培训,推动建设"农业+多业态"的融合发展模式。

基于此,班级设置根据农民实际情况与当地产业、地域特点,把产业和地域相结合起来组班,上课时间分阶段进行,每次集中时间3天左右,基本上不影响农民的生产。例如南片柑橘班,县城南片以柑橘产业为主,以晓塘乡为代表,晓塘乡培育出"春香""象山红"等品种,许多村民种植柑橘走上致富路,也带动附近乡镇种植柑橘,因此学院在南片组织柑橘班,把上课地点也放在石浦,方便学员学习东片水稻班,根据象山县东片以水稻种植为主,涉及贤庠镇、大徐镇、黄皮岙乡,涂茨镇等乡镇,因此在东片安排水稻班,上课地点安排在成教中心;西片草莓班,象山县西片以墙头镇为代表,主要种植草莓为主,因此西片安排草莓班,上课地点安

排在墙头。同时根据实际需要对部分学员进行调整,如南片有种水稻大户就插入东片水稻班学习。

二、"三类"课程,一班一案

学院依据浙江省农业厅下发的《浙江省新型职业农民培训大纲》《浙江省千万农民素质提升工程》等文件精神,将整个教学分为理论学习、技能实践、外出考察三个阶段,对应设置综合课程、技能课程和增值课程三类课程,做到"一班一案"。

1. 支撑理论学习的综合课程

理论学习阶段为综合课程,即通识课程,一般是统一的,主要包括《农民素养与现代生活》《现代农业生产经营》等课程。其中《农民素养与现代生活》立足新农民、新农村、新生活进行系统规划,以模块的形式全面介绍了新型农民应具备的精神和素质、乡风民风美化、人居环境整治、乡村文化和文体生活等。为让理论知识课程也能"走进田间",学院在课堂教学的基础上,还带领学员参观新农村,如带领水稻班学员去墙头镇溪里方村参观。溪里方村为第二批宁波历史文化名村,近年来,在村领导班子的带领下,积极开展社会主义新农村建设,各项事业蓬勃发展,村民生活富裕,村容村貌整洁,乡风文明和谐,在象山县率先做到生活垃圾分类工作,为此,学院特意邀请该村负责人为学员上课,介绍如何做到村容整洁、如何做到垃圾分类等内容。

2. 支撑实践学习的技能课程

技能实践阶段和外出考察阶段则以班级为单位,确定具体的技能实践课程和技能调整实践课程。其中实践课程以掌握现代农业生产技术为重点培养内容,提高农民学习积极性的关键课程。因此,在实践课教学中,学院注重把理论、实践、考察有机结合,即在理论学习后,到实训基地实操,并组织学员外出进行考察。

以 2017 年柑橘培训班为例,理论结束后,组织学员到实训基地进行操作,先后到定塘澳派家庭农场、黄皮岙英姿合作社、定塘甬红果蔬有限公司进行柑橘病虫害识别和土壤检测、红美人栽培技术、修剪技术和嫁接技术的实操,面对基地中的病树、死树,专家老师现场分析病因死因,解答学员的技术难题,使得教学环节和农业生产环节相结合,让理论学习和实践有效结合,提高学员的参与性、互动性和实践性;组织学员参观台州绿岙农场、中国柑橘博览园、浙江柑橘研究所、浙江忘不了专业合作社,新型职业农民的专题讲座就在大棚内举行,教师现场传授经营管理要点和农产品品牌创建,学员互相交流创业体会。

实践教学基地取自当地农业龙头企业、种粮大户、合作社、农民大学生创业者的种植、养殖基地等,聘请的指导教师常常是乡间在种植、养殖上有实战经验的"土专家""田秀才"以及农民大学生中的成功创业者,这种零距离接触创业者的"田间课堂"的开设,不仅有助于深化学员对理论知识的理解,更有利于学以致用,训练学生的技术技能,启发、诱导创新、创业。

表 3-1　　部分培训班考察安排

序号	班级名称	实训地点	考察地点
1	柑橘班	定塘澳派家庭农场、黄皮岙英姿合作社、定塘甬红果蔬有限公司	台州绿岙农场,中国柑橘博览园、浙江柑橘研究所、浙江忘不了专业合作社
2	草莓班	龙宇果蔬合作社	奉化尚田镇优质草莓示范基地、奉化三禾果蔬专业合作社、宁波市草莓良种繁育中心
3	水稻班	宁波稻渔情生态农业有限公司	宁波天胜农场,海盐县嘉兴三羊现代农业科技有限公司
4	养殖班	象山群兴生猪养殖场	浙江外贸生猪场、嵊州饲料厂
5	蔬菜班	象山石浦琴飞家庭农场	杭州蔬菜种植基地、杭州晶星农业开发有限公司

3. 支撑拓展学习的增值课程

技能实践和外出考察阶段过程中,学院在完成规定动作之外,还开设了增值课程,具体包括专项技能研修和电商素养提升两种课程。前者对重点内容组织专题学习,解决专项问题。如水稻班举行稻米加工贮藏技术、早稻生产技术、日本水稻种植技术等专题学习;养殖班举行重大动物防疫病防控学习;柑橘班举行优质栽培技术学习;无公害农产品认证班举行无公害农产品认证要求和建设规范的学习。后者则聚焦"大数据经济"新业态,把电子商务和手机操作为选修课内容,帮助学员学会在网上开店、微信朋友圈发布消息、抖音直播等方式，利用电商降低交易成本、减少库存、缩短生产周期、增加商业机会、减轻对实物基础设施依赖的 24 小时无间隔的商业运作等优势，加快农产品推销。基于此，学院还自编了《农村淘宝》教材，作为培训学员的使用教材。

依托三类课程，整个培训过程采用"一点两线、全程分段"模式，以产业发展为立足点，以生产技能和经营管理水平提升为两条主线，理论与实践教学相结合，按照不少于一个产业周期全程进行培育，确保学员"听得懂、学得会、带得走、用得上、见成效"。以 2018 年茶叶培训班为例，第一阶段主要是理论培训，邀请了茶叶生产方面的教授、高级工程师、专家对农产品质量安全、茶园病虫害绿色防控技术、各种茶的采制及加工等相关专题进行讲解；第二阶段主要到实践基地进行茶艺培训，跟随茶艺师从茶具的认知与选择，各类茶的认知与冲泡等环节进行自我实践与学习；第三阶段组织学员外出参观交流学习，分别参观了浙江杭州富阳区富春街道拔尖山茶场、浙江金鑫集团茶机厂、宁波鄞州区福泉山茶场等地。通过理论考试和实践技能考核环节，这期茶叶培训班有 56 名学员顺利获得新型职业农民培训结业证书。

三、"四型"导师，全程服务

为保障高素质农民培育质量，学院依托县农林局，把一批专业理论水平高、实践经验和教学经验丰富、语言表达能力强、深受农民欢迎的农业专业技术人员和管理人员充实到师资库，配套组建了"四型"导师，并创新探索了"农民导师制"。

1. "教授+专家+草根+通识"的"四型"导师

一是"教授型"导师，即借助县农林局的县农业产业引智中心平台的在生态农业、生态农业、水稻、果品保鲜柑橘等领域的高等院校教授资源，引进这些教授作为新型职业农民培训的老师，开设题讲座课；二是"专家型"导师，根据全县农业产业结构，从农业技术推广人员中择优选聘了培训教师；三是"草根型"导师，吸收有志于参与高素质农民培育（新型职业农民培训）的乡土专家，主要承担技术指导和跟踪服务等工作；四是"通识型"导师，聘请职业院校教师、村主任、书记作为通识课教师。

针对"四型"导师,学院制定了《高素质农民培训教师考核制度》,从师德、教学水平、进修学习、学员满意度等方面对上教师进行考核;制定了《高素质农民培训的授课教师学员满意度测评表》,对授课教师评价分为优、良、差三个层次,由学员对授课教师进行评价,把学员满意度作为是否聘任教师依据之一。

2. "农民导师制"架构"学员金字塔网络体系"

"四型"导师团队的立体组建和规范管理,实现了全程动态服务。例如用好"云上智农"App、微信群、QQ群等线上载体,开设24小时在线小课堂,即时互动交流,宣传惠农政策、生产措施、病虫害防治技术等,提供创业信息和各项服务,不断提升服务质效。

此外,学院创新开展"农民导师制"即培训结束后,学员可以随时与导师联系,导师会根据重点大户或者科技示范户等不同的需求,开展家庭农场建设、品牌打造、新品种培育等跟踪指导服务,并建立指导档案。农业科技导师"结对"农民学员,见表3-2:

表3-2

序号	科技人员	农民学员	行业类别
1	陈燕华	鲍军建	种植业(水稻)
2	俞民鲁	王财安	种植业(苗木)
3	徐 阳	邹学芬	林特业(柑橘)
4	陈子敏	张选石	林特(葡萄)
5	罗锦标	鲍胤助	畜牧(白鹅)
6	李 玲	张国兴	畜牧(生猪)
7	杨晓飞	俞尚会	畜牧(种鹅)
8	陈国华	葛能培	林特(茶叶)

"农民导师制"不仅指向"师与生",也指向"生与生",即设立"学员导师",遴选一批优秀的学员纳入"草根型"导师序列,并担任班级助理导师。由此,形成了"新学员—骨干学员—学员导师"的三级"学员金字塔网络体系",从而带来了高素质农民培育在老学员中的延续性。

四、特色培训，三大效应

通过高素质农民培训让农业成为有奔头的产业，让农民成为有吸引力的职业，让农村成为安居乐业的美丽家园，具体呈现出三大培训效应：

第一，一批新品种得以推广。学员在县农林局指导下，采用新技术，主推新品种，提高经济效益。水稻主推品种有甬籼69、甬籼15、秀水134、宁84、绍糯9714、甬有12、甬17，种植面积14.33万亩，主要运用节能增效栽培技术、绿色高产高效栽培技术。柑橘种植产业主推品种有红美人、春香、大分、由良，栽培面积10.71万亩，主要运用柑橘设施越冬栽培技术、柑橘完熟栽培技术、果品采后商品化处理技术。白鹅产业的主推种为浙东白鹅，年饲养量81.9万羽，存栏种鹅24.92万羽，主要运用浙东白鹅禽岸养技术、浙东白鹅新城疫防控技术。其中象山贤庠亚春农场注册了"丰钟牌"大米的商标，全部选用粳籼杂交的甬优15号超级杂交稻良种，生产的大米不仅米质软、口感好，还是不施农药的绿色无公害大米，备受市场认可。

第二，一批示范户相继出现，学员积极成立合作社、创建家庭农场，争创科技示范户。近年来培育种植业科技示范户108个，分布在西周、贤庠、涂茨、大徐、鹤浦、泗洲头、石浦、定塘、黄皮岙乡等9个水稻生产乡镇，种植区域内连片种植面积大，机械作业水平高；畜牧科技示范户66个，集中分布在丹西街道、东陈乡、高塘岛乡；林特业科技示范户84个，分布在晓塘乡、定塘镇、高塘岛乡、鹤浦、贤庠、新桥等。新型职业农民肖明朗不仅创办宁波稻渔情生态农业有限公司，还把自己创办公司作为新型职业农民培训的实训基地，并流转周围村土地，给农民带来收益。再如泗洲头镇项秋国在自己种植甜瓜成功后，牵头成立合作社，除了外出打工创业外，留在村里的村民基本上都种植甜瓜，甜瓜的种植已成为该村的主要特色和农民增收的一大"亮点"。

第三，一批农民电商逐渐成长。在增值课程的引领下，县域农产品营销模式有了颠覆性变化，各村都建立了淘宝店，许多新型职业农民学会了网上销售。柑橘种植大户和农民合作社积极利用微信、淘宝等电商交易平台发布供求信息，以点带面拓宽交易市场覆盖率，提高品牌知名度，降低销售成本。其中"红美人"柑橘通过网络渠道的售价高于普通销售模式近50%，2017年全县有20%左右的"红美人"通过网络销售。学员金文武瞄准家乡的枇杷产业，流转50亩枇杷园，创办金宏果业合作社，并借助"互联网+"模式，积极进驻阿里巴巴、淘宝等电商平台，其经营的"高湾枇杷果然甜"网销店，专卖家乡的枇杷鲜果，年销售达百万。

【职业农民典型案例一】

象山县西周农场主肖明朗

"稻渔共生"模式是在同一块稻田内既种稻又养鱼虾鳖等，一田多用、一季多收，从而达到保障粮食生产安全、促进粮农创业增收的"双赢"效益。象山从2015年起试点推行这一生态高效种养模式，促进农渔业融合发展，西周明朗农场则是我县最早一批试行稻鱼共生种养模式的农场。44岁的农场主肖明朗在付出了艰苦努力的同时，也尝到了"稻鱼共生"模式带来"甜头"。

肖明朗自1995年起承包土地规模种植水稻，面积也从最初的20亩扩大到了如今的530亩。在中央一号文件鼓励农民创建家庭农场的精神指导下，他在2012年成立了象山西周明朗农场，成了一名年轻的农场主。农场位于西周镇航头塘，这里具有得天独厚的温光资源，是传统的水稻种植区。现有固定工人4人，临时雇工20人，办公场所800平方米，配备了电脑、监控等现代化设备。从2004年开始，肖明朗逐年增加农机设备，到目前已拥有收割机、插秧机、大型拖拉机、烘谷机等机械设备11台，还在2011年率先引进了有机肥撒肥机，建设了标准烘谷机房，基本实现了水稻生产全程机械化。除了完成自己的耕种任务外，他还担负起了附近农户的耕地、翻肥、旋耕、机械种植、收割等作业任务。所在的航头村由于有肖明朗的带头，促进了该村农户种粮的积极性，稳定了粮食生产大局，多次获上级的表彰。2016年，他种植了118亩大麦，197亩小麦，500亩单季稻，不仅提高了粮食复种指数，而且仅粮食一项就给自己创造了近100万元的产值。

作为一名由传统农民向新型职业农民成功转型的农户，肖明朗虽只有初中文化程度，却有着强烈的科技意识，能主动推广应用先进的农业生产技术。他经常向县农林局、市农科院等技术部门的人员虚心请教，对新品种、新技术的接受程度高，不怕麻烦主动承担了每年20多个的水稻新品种区域试验的工作，自己选出了4个米质好、抗性强的良种作为今后的种植"主力"。

近年来，我国粮食连获丰收，水稻种植成本连年增长，国家补贴力度虽然加大，但是种粮效益增长越来越难。作为有着多年从事水稻生产经验的农民，肖明朗早早开始谋划起了转型之路。2015年，肖明朗在考察了青田县等稻田养鱼的基地后，在自家的承包田中专门划出了20亩土地，在全县范围内率先采用"稻鱼共生"生态种养模式，采用中间留田种稻，四周修沟灌水养鱼、蟹和鳖，稻田外围筑坝拉网的方法。一年试下来，他发现，由于挖的沟渠太窄了，淤泥很快淤积，很多鱼都搁浅死亡，而且围网高度不够，很多螃蟹都逃了出去，导致损失惨重。

为解决遇到的难题，肖明朗主动向县海洋与渔业局、县农林局、宁波市农科院等技术部门和科研院所求教；同时积极参加业务部门组织的各类实用技术培训，他深信科学能够最大程度地指导种田。在有关专家的指导下，为了提高沟渠里鱼类的存活率，2016年一开春，肖明朗就着手扩建沟渠建设。去年宽70深80公分的沟今年扩建到宽2米深度1~1.5米，围网加高加固，试验面积也扩大到了120亩，每亩稻田的基建投入增加到了500元，基础设施完工后，投放了更加便于管理的鱼、鳖和鸭子等。有了专家的技术和肖明朗的全身心投入，2016年，第一批稻渔共生模式产出的生态米正式上市了，生态米卖到了30元/公斤，是普通稻米的3~4倍，水稻亩产量虽然下降了近一半，但效益反而翻番，稻田里的甲鱼每公斤又能卖出至少300元的高价钱，又是一笔可观的收入。

如今，肖明朗又和县内三个种粮大户成立了稻鱼情农业生态有限公司，决定抱团闯市场。"经过两年的'稻鱼共生'试验，我们种植推广的无公害稻米面积近600亩，在稻田养鱼的同时，销售生态米、甲鱼、鲫鱼，实现了每亩效益提升2000元，今后我们将稻米和鳖统一商标销售，并在包装盒上打上产品信息二维码，实现质量可追溯。"肖明朗对未来信心满满。

【职业农民典型案例二】

象山甬红果蔬有限公司负责人顾品

两赴日本"留洋"研修柑橘种植技术,从多个交流引入的柑橘品种中筛选出了"红美人""甘平"等优良品种,经过十数年精心培育,投产后的橘子分别能卖上60元/千克和160元/千克的天价,一举颠覆了地产普通柑橘每千克只能卖几元钱的传统观念。他就是象山甬红果蔬有限公司负责人、宁波市林业乡土专家、中国林业乡土专家、象山县柑橘产业联盟副理事长顾品。

顾品是国内"红美人"柑橘引种第一人,从2001年至今共引种了"甘平""媛红椪柑""黄美人""夏蜜柑"等优良品种100余个,与浙江省柑橘研究所、象山县林特中心等单位合作选育了柑橘新品种10余个,先后两次赴日本研修柑橘技术,与有关单位合作开展的"红美人设施越冬栽培技术研究"和"红美人避雨栽培技术研究",一举攻克了红美人种植技术难题,将红美人上市时间拉长了4个月,为全球首创技术。

2013年顾品种植的32亩设施红美人,总产量58吨,产值350万元,比普通柑橘翻了10倍以上,开创象山乃至全国发展"红美人"设施栽培先河,让周边的农民看到了种橘子的致富梦,也为红美人在全国推广奠定了技术基础,现在他拥有红美人、甘平等柑橘基地350亩,年产值近千万元。

经过他的典型示范和不懈推广,2017年,全县红美人柑橘种植面积8500亩,占浙江省40%以上,平均售价60元/千克,亩均收入5万元~10万元,最高20万元/亩,红美人柑橘已经成为象山的主导产业,县委书记亲自抓红美人柑橘产业高质量发展,制定出台了三年行动实施意见与专项扶持政策,把发展红美人柑橘产业作为当前推进象山乡村振兴战略的一项重大举措来抓。2018年全县红美人柑橘面积1.5万亩,产值突破2.5亿元,2019年红美人种植面积2.2万亩,预计产值3.5亿元,推动了象山柑橘甜蜜转型,实现了橘农增收致富梦。

目前全国已经推广种植红美人60万亩,产值150亿元,促进农民增收80亿元。同时他还把"媛红椪柑""黄美人"等其他优良品质推广到四川、湖北、云南、广西、福建等地。只有高中文化的他,不仅参加新型职业农民继续教育并获得证书和浙江省表彰，近年还把自家基地变成省级农民田间学校，自己也当起了橘农的指导老师，与大家分享自己的"红美人"柑橘等新品种栽培技术和管理经验。每天，全国各地前来取经学习引种的橘农络绎不绝，年参观人数近 500 人次，他也乐此不疲，开心接待每一批客人。

此外，他还利用自己知晓的柑橘新品种、新技术、新经验等方面的文化知识，帮助朋友设计象山柑橘博览园，共同参与柑橘文化传承和橘旅结合建设项目，为普及宣传象山的柑橘文化贡献力量，进一步提高红美人柑橘产品的附加值。曾经以柑橘贩销出身的顾品，紧跟时代发展，开设微信公众号、网上营销等方式，提升柑橘的知名度。同时，他在县城设立直营门店，借势政府部门举办的柑橘文化节、农博会、食博会和中国象山开渔节等宣传平台，扩大象山柑橘的品牌影响力。

有效益有经验懂技术，顾品所在的公司，2017 年度荣获"国家现代柑橘产业技术体系华东柑橘综合实验站示范基地""浙江省现代农业科技示范基地"和"浙江省农民田间学校"称号；他所打造的果园，2015 年度荣获宁波市百佳精品果园殊荣，2017 年度获评晓塘乡"优秀农业示范基地"；他选送的红美人柑橘，2015 年度荣获宁波市名优水果（柑橘）擂台赛"擂主"；他主持的《"红美人"外观品质提升技术核心技术研究与示范》《"红美人"设施越冬及节本增效高品质栽培技术研究》《"晴姬"杂柑优质栽培技术推广及产业化示范》等项目是重大农业技术推广项目，其中《"红美人"设施越冬及节本增效高品质栽培技术研究》，获得了浙江省农业技术推广基金会评定的 2015—2016 年度"宝业奖"；他本人在 2017 年度荣获宁波市"林业乡土专家"称号，2018 年被聘为中国林业乡土专家，中央电视台 7 套《乡土》栏目对他进行专访，并入录"浙江省百名新型职业农民风采"，还被评为象山县"现代农业创新人才"和"最美橘农"。

第二节 对标现代渔业实施"新型职业渔民"专项培训

象山县是海洋与渔业大县，被列入全国渔业五强县。象山县海岸线长达 925 公里，占浙江省海岸线的 1/8，其中大陆海岸线 349 公里，岛礁海岸线 576 公里。海洋捕捞一直是象山县沿海地区的基础产业，也是传统产业，有渔业乡镇 10 个、渔村 38 个，专业渔民劳动力有 3 万余人，拥有各类渔船 2700 余艘。与此同时，水产养殖是象山县沿海地区的主导产业之一，现有水产养殖面积 18.85 万亩，其中浅海养殖 6.674 万亩，滩涂养殖 4.1 万亩，海水池塘养殖 6.026 万亩，淡水池塘养殖 2.05 万亩。

2017 年，象山创建"省级渔业转型发展先行区"以来，重点开展了捕捞渔船减船转产、渔港信息系统建设、养殖水域滩涂规划、渔港经济区建设规划、国家级渔业健康养殖示范县、国家农产品质量安全县等特色创建工作，逐步推动象山渔业优布局、转方式、调结构、补短板，促进渔业可持续、高质量发展。其中《象山县养殖水域滩涂规划（2017—2030）》提出，要以科技创新为引领，推进设施化养殖建设，突破水产种业育种瓶颈，攻关产业共性关键技术，培育渔业新业态，引导发展休闲渔旅基地、民宿、休闲渔船、水产品电商企业等，开展水域环境整治提升、渔业资源增殖养护、水产养殖保险、水产品精深加工、渔业品牌建设等系列工作，东海蓝色屏障进一步强化。

"海洋经济绿色发展"是海洋资源可持续利用和海洋经济可持续发展的必然选择，"生态、优质、高效、品牌"是现代渔业转型升级的客观要求。在渔业转型发展的大背景下，渔业劳动力转型更为迫切。渔民是渔业尤其是海洋捕捞业和水产养殖业的生力军，是渔业劳动力转型的重要构成部分，对渔业转型具有重要意义。为此，宁波开放大学象山学院凭借区位优势，主动服务渔业捕捞、渔业养殖、渔业休闲项目，积极推进生产型、技能型、经营型渔村实用人才等新型职业渔民培训，基本形成了"以基地培训为基础、以下乡培训为特色、以订单培训为补充、以网络培训为方向"的培训格局,有效提升了一批对农业有感情、有经验的"老渔民",扶持了一批有乡愁、想创业的"新渔民",促使传统渔民向现代渔民转变,有效促进渔业增效、渔民增收、渔村发展,进一步带动美丽渔村建设。2020年象山县水产品总产量59.04万吨,渔业产值106.40亿元,占全县大农业总产值72.94%。

一、因地制宜,开发渔民培训项目

"靠海吃海",是象山县渔民祖祖辈辈的真实写照,在他们的传统观念里,"万般皆下品,唯有捕鱼高"。但随着捕捞强度的加大,海洋渔业资源日渐衰竭,"东海无鱼"的严峻现实摆在面前。转产转业,成为象山越来越多渔民直面的现实问题。近年来象山县也有少量渔民"上岸"。石浦蛟龙村人林永奎曾是一名"船老大",拥有一艘900马力的钢制渔轮。2011年,他选择转产转业,投入2000余万元成立象山协顺海洋旅游发展有限公司,投身海洋休闲旅游产业,并带动近30名渔民"上岸"。如今,"协顺"已成功打造7艘高档休闲渔船和1艘豪华游艇。但这样的典型仍属于少数,更多渔民心中对转产专业茫然无措。据统计,象山渔民中45岁以上的占总数的60%以上,整体文化程度偏低,大多数人在初中学历以下,且长期以渔为生、以船为家的渔民只有捕鱼这项单一技能。导致一些渔民转产转业后,因为文化程度不高,不会其他技能,最后又"脱鞋下海",甚至开着"三无渔船"去捕鱼。为此,学院一改以往传统单一化的培训方式,通过实地调研,结合渔区群众实际需求,因地制宜,开发新型职业渔民培训精品项目。

1. 船员类培训项目

细分"船员"班。按照海员培训、发证和值班标准国际公约,在我国商船上服务的船员每5年必须接受一次知识更新培训。同时,象山渔业公司化发展,建设了一批专业化、标准化、现代化的远洋渔船,对渔业船员队伍提出了新的更高的素质要求。出于规定需求和发展需求,学院落实《关于严格落实船东船长主体责任的通告》《关于加强海洋渔业普通船员培训的通知》等文件精神,开设一级职务船员、二级职务船员、助理职务船员、普通船员四类培训项目。针对渔民的培训不同班级培训的内容和重点也不一样，普通船员侧重于安全意识教育、安全技能训练，职务船员侧重于渔航仪器、海图、船舶操纵等渔船实用技能训练。

特制"船长"班。象山县渔船数量多，船上"小工"多是外来务工人员，船员流动性强，导致渔民无证上船的现象频发。因此，根据各乡镇船员持证情况，学院专门为职务船员和长期开船而没有考过船长证书的渔民开设补习通道，分别开设高塘船长班、鹤浦船长班等班级，解决学员的"燃眉之急"。培训内容包括海上安全和社会责任、船舶消防、应急程序、海上急救、海上防污染、海上求生等6个方面，课程全部参照农业农村部渔业船员培训教材及考试大纲录制，学习课时及内容均符合相关要求。

新增"渔嫂"班。学院将培训对象瞄准"渔嫂护航团团长"，她们每年都会进渔村、下海岛、登渔船，开展形式多样的安全知识普及活动。因此，为进一步发挥渔嫂们在渔业政策宣传、安全监督等方面的力量，学院会在每年开渔前，开设"渔嫂安全培训班"，重点讲解如何识别灭火器能否正常使用，各种救生衣的不同使用场合等知识。

2. 养殖类培训项目

20世纪80年代中期，随着第一个养殖网箱在象山港下海，象山县开启海水养殖新时代。目前，象山县水产养殖业主要包括以梭子蟹为主的海水池塘养殖产业、以大黄鱼为主的海水网箱养殖产业、以南美白对虾为主的对虾产业、以坛紫菜为主的海藻产业，先后创建了"宁港"大黄鱼、"莫宁森"紫菜、"岱衢洋大黄鱼"等10个"宁波知名水产品品牌"，另外，象山梭子蟹被授予"宁波著名水产品区域公用品牌"。全县设施渔业面积超过8000亩，建成海洋渔业产业科技园区及4个万亩梭子蟹标准化生态健康养殖基地、环大塘港万亩南美白对虾生态高效养殖区和西沪港低碳健康养殖示范区。

基于产业结构分布特征，学院根据本区主推养殖品种、主导产业和主推技术的实际来编排培训计划和教案；在充分调查的基础上，因地因时确定；对个别要求，另开"小灶"。养殖户想听什么讲什么，养殖户问什么答什么，制作"菜单式"教材（教案），按照各街镇水产养殖的需求，有针对性的进行"调单式"授课，变"灌"技术为"供"技术。

以象山县黄避岙乡为例，该村大黄鱼养殖产业已形成品牌，为此开设大黄鱼养殖的专题培训项目。该培训项目设有理论课和专业课，其中理论课针对养殖户感兴趣的新型职业农民素质与礼仪、现代农业创业、农产品质量安全和"三品一标"创建等内容做了详细介绍，专业课则从特种水产高效养殖技术、水生动物病害防治等方面做了专题讲座。

同时，针对养殖大户的，则考虑其对水产养殖的新品种、新技术、新资源、新模式有着更加迫切的需求，因此根据学员报名信息和前期调研情况，将传授知识技能和培养现代农业管理、经营理念紧密结合，精心设计水产养殖技术、鱼病防治、渔业法律法规普及、水产品质量安全、农业支持保护政策、水产品电子商务及营销策略等课程，增加了"直播＋电商"的内容，系统传授水产养殖知识。

3. 服务类培训项目

作为渔业产业链的配套服务行业，离不开制冰、冷冻、仓储及水产品再加工等供应链的支持，其中水产品加工企业195家。以"浙江渔业第一村"——东门渔村为例，该村约500户人家已"收起渔网"，转向制冰、修船等渔业配套产业或彻底"上岸"。同时，象山县正以科技引领，利用"互联网＋、大数据、云计算"等技术手段，创建"渔业产销大数据"和"渔业产供销网络平台"，渔业电商、渔业物流等新型渔民培训需求逐年增加。为此，学院依托开放教育资源搭建起了包含水产品加工、销售、运输、服务等全链条的服务类培训项目，具体包括数控技术、电子商务、现代物流、市场营销等培训模块。

二、理实结合，优化渔民培训质量

鉴于培训的对象文化知识水平相对偏低，年龄偏大，对信息的接受能力不强，过多的理论知识灌输，他们较难接受，直接影响培训效果，上述三类培训班在培训教学模式上采取专题讲座、现场教学、参观考察、导师跟踪服务相结合的学习方式，延长培训链条。在培训内容编排和培训教案设计时，学院将理论与实际相结合，养殖基础知识和技术比例为20∶80，重点是实用技术培训。

以水产养殖类培训项目为例，从培训效果出发，学院考虑到养殖户生产周期的特点，遵循"少课堂，多池塘，少嘴巴讲，多做给养殖户看"的原则，在课程设置上采用了灵活的分期培训。在南美白对虾养殖培训班中，一期课程安排在进苗前，养殖户都有空且迫切需要学习和吸收新技术新模式；二期课程安排在5月中旬，此时养殖户的虾苗等已经放养至大塘，针对养殖过程中的问题召开专题讲座，结合他们身边事例和他们在实际生产中遇到的问题去讲解指导，帮助渔民解决实际技术难题。分期培训使得培训更有针对性，真正做到技术内容的可操作性（实用性），适用性（接地气）和培训语言的通俗性、形象性、趣味性，力求简易、浅析、明了，让每一位受训养殖户听得懂，记得住，学得会，用得上。

船员培训项目考虑到渔民船员的生产实际和生活需要，充分利用伏季休渔的有利时机，采取设点集中报名，就近培训的举措。此外，针对近年连续发生海上生产事故的现象，学院立足"打赢涉海涉渔领域安全生产翻身仗"的安全需要，不断优化安全教育培训方式方法，把安全教育始终贯穿于船员知识更新和适任考试的全过程之中，重点加强海上安全培训方式的创新。学院不仅在每一期职务船员开班第一节课上，邀请海事、边防、渔政等部门的富有经验的工作人员来进行安全教育讲座，包括法制教育、纪律教育、安全方针、安全知识教育、安全事故典型案例教育等内容。还以小班制、面对面的形式，在培训中嵌入海上生产时船只避碰和事故发生后自救、求救、互救等安全培训模块，详细讲解渔船安全设备及安装存放要求和北斗、固定式定位仪的维修要求，普及"海上通""迪泰"等通讯设备安装使用方法；同时做到安全培训重"实操"，强化船员培训动手能力，从如何正确穿戴救生衣、使用灭火器开始，到海上急救（心肺复苏、伤口包扎）等，通过一系列实际操作学习，强化船员安全技能训练。

三、技术支撑，丰富渔民培训平台

依托开放大学的在线远程平台，近年来，学院从"以网络培训为方向"着手，全面启动基于现代教育技术的渔民培训实践研究，方便渔民学习专业理论知识，特别是更加便捷地完成上岗培训，进一步提升船员持证率，同时解决疫情期间渔民集中培训难的问题，为渔民"充电"创造便利条件。

1. 依托"兴渔学堂",完善移动培训平台

学院借力象山县水利和渔业局推出的"渔业安全培训 App"——"兴渔学堂",开展渔民安全培训。学习课程过程中系统将采取人脸识别进行比对,在课程学习过程中还将采取不定时的抓拍以确保学员是本人在学习。借助"兴渔学堂"App,原来 4 天半的理论和实操培训时间可以缩减到 1 天半;学员完成"渔业安全培训"必修课程学习后,就可进行"在线测试"题库模拟考试,达到 80 分及以上的视作理论培训合格;理论考试合格后可自行选择时间预约参加实操培训和考试。这一有效的培训模式获得了渔民的广泛好评,为助力渔业疫情防控、复工复产"两不误"赢得了主动。目前注册学习学员已超过 4 万人,学习完成的有 3.2 万余人。

2. 依托"考培系统",完善在线培训平台

为了解决渔业船员考试的公正、公平与速率问题,学院依托宁波海洋职业技术学校开发的考培系统,借鉴汽车驾驶理论考试的模式,通过计算机平台进行考试,构建完整的网络学习和考试系统。培训考试系统包含渔业三等职务船员、四等职务船员和普通船员的教学、练习、模拟考试和考试功能,同时具有行政部门要求的船员管理功能。培训考试系统采用标准化试卷,规避了文字的书写,只要识字就可以进行选择答题,降低了一部分文化程度较低的渔业船员的考试难度,适应了船员的整体文化状况。同时该系统具有试卷内容可设定、试卷份数可设定、试卷难度可设定、试卷批改自动化四大优势,大大提高了考试的公正规范程度和效率。基于此,学院探索出了适合于渔业船员培训的网络培训模式,使船员随时随地都能学习,并形成一种促使学员必须学习的倒逼机制,使船员真正学好海上生产需要掌握的知识和技能,年培训量超 1000 人次。具体培训流程如图 3-1 所示。

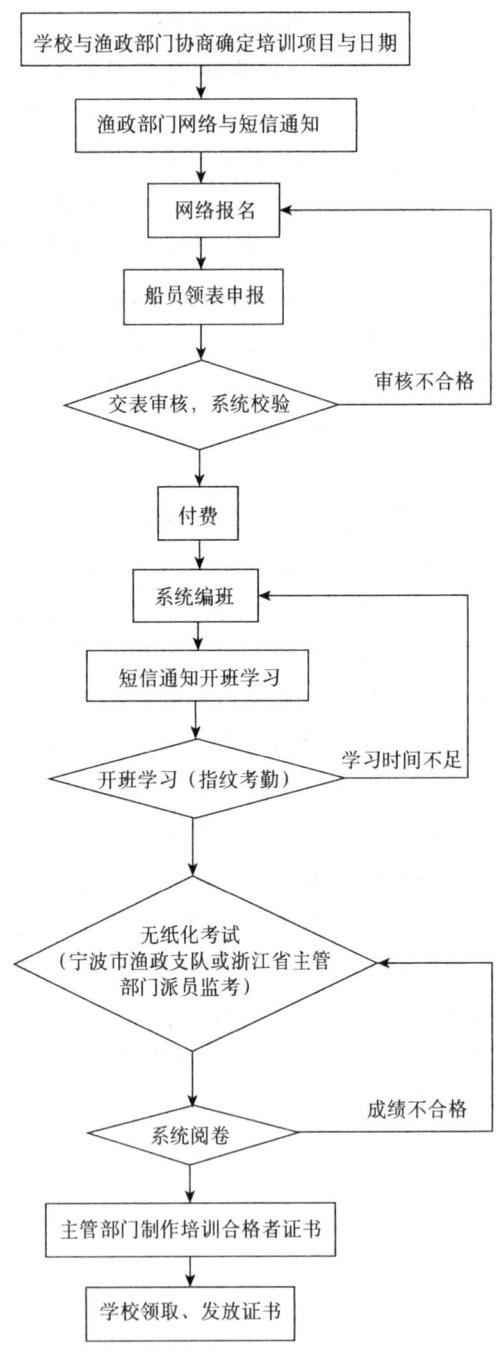

图 3-1 培训流程

四、培训加持，助推渔业持续发展

美丽乡村建设的其中一大内涵就是要坚持不懈地加强生态保护、生态修复和生态培育工作，渔业培训为美丽渔村建设、渔业产业可持续发展提供了有力保障，注入了"智力基因"。

其一，水产养殖培训赋能产业绿色发展，品牌增值。水产养殖培训有效推动了水产生态健康养殖模式的推广与应用。"帆布小池对虾两茬养殖模式"试验取得成功，第一茬每平方米南美白对虾15.5斤、最高达到17斤，第二茬每平方达到13斤以上，单茬每亩产值达到22万元左右，可实现2~3年能收回成本。稻渔综合种养新模式试验取得初步成功，西周明朗农场实施"水稻+鳖、水稻+牛蛙、水稻+鱼"等种养模式，实施面积120亩，亩增效益2000元。宁波里海农业发展有限公司试验实施"水稻+青蟹"种养殖模式1.5亩，亩增效益6000元。得益于此，象山县申报的"象山梭子蟹""象山紫菜""象山大黄鱼"和"南田泥螺"4个地理标志证明商标的品牌总价值达到24.68亿元，其中"象山梭子蟹"为18.53亿元、"象山紫菜"为4.13亿元、"象山大黄鱼"为1.88亿元和"南田泥螺"为0.14亿元。

其二，持证船员培训赋能产业安全发展，杜绝隐患。通过船员培训，使大功率渔船的三等船员持证率大幅提高，大大降低了渔业生产中的"大船小证"现象，规范了海上作业行为。除三等船员外，学院还培训了数量更为庞大的四等船员和四小证船员。更值得关注的是，船员通过培训之后，由于切切实实地提高了安全生产意识，懂得了正确的操作规程并能严格执行，大量的事故就被消灭在萌芽之中，减少了事故的发生，促进了生产效益的提升，切实为增加船员的收入作出了贡献。据统计，2020年象山县海洋捕捞年产量35万余吨，其中单拖渔船出航率约80%，单船平均产量280吨~300吨，平均产值160万元~180万元；双拖渔船出航率约82%，对船平均产量约500吨~550吨，平均产值约300万元~320万元。

其三，服务类渔民培训赋能产业集群发展，规模扩张。围绕渔业配套产业的渔民培训，激活"渔业+"新业态，促使县内中小水产品加工企业逐渐从"幕后"走向"台前",开启从产品输出到品牌输出的新征程。以宁波耕海牧渔供应链管理有限公司为例,从单一水产品加工企业转型为集海洋贸易、渔业、生鲜供应链、冷链物流为一体的综合性公司,通过"耕山牧海"App 电子商务平台,投产还未"满月",已经完成订单 800 余万元。2020 年象山县水产品加工龙头企业累计收购量 60.82 万吨,产量 19.92 万吨,产值 23.1 亿元,销售额 22.94 亿元。

第三节　对标建筑产业开展"现代乡村建筑工匠"联合培训

2003 年,时任浙江省委书记习近平亲自谋划部署"千万工程",揭开了浙江美丽乡村建设的宏伟篇章。在美丽乡村建设大潮中,象山走出了一条独具特色的路子:2015 年,《象山村(居)民建房指导手册》初出茅庐;2016 年《象山县乡村公共建筑指导手册》和《象山村(居)民建房指导手册》2.0 版惊喜面世;2017 年《象山县美丽乡村建设总体规划》隆重出台,并配套《象山县村庄布局规划》等 6 项规划。从手册到规划,象山县结合港口渔村宅基地用地现状和用地标准,在保留各村现有地理人文风貌的基础上,为村(居)民"量身定制"了既体现象山民居建筑特色和人文底蕴,又经济实用的"浙派民居"新范本。

这样接地气的"象山村居"新范本要落到实处,离不开活跃在乡村的泥瓦匠。中共中央办公厅、国务院办公厅印发的《关于加快推进乡村人才振兴的意见》提出实施乡村本土建设人才培育工程,加强乡村建设工匠培训和管理。近年来,为进一步提高乡村建筑工匠技术水平和职业素养,增强施工技能和安全生产意识,规范乡村建设行为,象山学院受象山县建管局委托,开展公费定向培训班,组织乡村建筑工匠参加专业业务培训,累计为象山建筑产业输送 5000 余名具备建筑工程要求、服务乡村的建筑管理和施工人员。

得益于一批又一批高素质、高技能的现代乡村建筑工匠的有效供给,才有了象山处处可见"头枕欸乃听桨声,眼观杂花盈原野"的 15 个省级美丽乡村特色精品村，有了"山海风貌+田园风光+半岛风情"的19个省级美丽宜居示范村，有了"一村一品""一村一韵""一村一景"的4个省级美丽乡村示范乡镇。"一把泥刀闯天下"，乡村建筑业的蓬勃生机自然而然拉动了象山建筑业的整体发展，2020年象山县建筑业总产值687.6亿元，占宁波市的26.4%，位居全市第一、全省前五，进一步夯实了浙江省首批"建筑之乡"、首批"建筑强县"、首批"无违建县"的"金招牌"。可以说，在乡村建筑产业振兴中，象山学院依托开放教育资源，整合政府、企业要素，为本土化培育乡村建筑工匠蹚出了"象山模式"。

一、瞄准"靶心"焦点不散，提升乡村建筑工匠可持续发展能力

随着乡村振兴战略的实施，建筑对于乡村的带动性，作用越来越大。整洁漂亮的乡村往往能带来更多的关注度，吸引来更多的游客，甚至放大当地产业的宣传。因此，越来越多的建筑企业关注和参与到乡村建筑"蓝海"。在此背景下，象山县建筑企业面临四个转变：一是业务的主要方向由城市逐步转向乡村；二是建设的主要内容由城市房地产和城市基础设施建设为主逐步转向以围绕乡村振兴的乡村第二、第三产业建设、农民居住条件改善和生态环境建设为主；三是投资建设主体由房地产开发商、地方政府投融资平台为主逐步转为以地方政府、产业化龙头企业和农村合作社组建的联合体为主；四是投资建设资金由政府投融资平台、房地产开发商和建筑施工企业筹措项目资本金。

这对企业提出了匹配乡村建筑产业队伍规模、素质与技能全方位"丰容"的新要求。根据2009年统计数据显示，象山的建筑业从业人员有26万人，而具有职称人员仅为17514人。其中高级技术职称为617人，中级技术职称4947人，初级技术职称为11950人。各类现场管理岗位人员（安全员、施工员、质检员、材料员、资料员）10000余人。可见人才资源占人力资源的比重非常低，各方面的人才都十分短缺。

与规模化建筑企业"下乡"同步的是，乡村固有建筑工匠队伍的"升级"。象山县深入贯彻落实中共中央办公厅、国务院办公厅《农村人居环境综合整治三年行动方案》，"支持村级组织和农村'工匠'带头人等承接村内环境整治、村内道路、植树造林等小型涉农工程项目"精神，积极促

进工匠参与乡村建设。随着美丽乡村建设中农房建设、危房改造以及特色小镇建设的任务越来越繁重，迫切需要大批有一定技术水平的乡村建筑工匠。但目前，乡村建筑业无组织、无标准、无管理的问题比较突出，且乡村泥瓦匠队伍大多靠师傅的"传帮带"，存在年龄偏大、流动性强、稳定性差、平均受教育水平较低、专业技能水平偏低、缺乏可持续发展能力等问题，尤其是看不懂图纸的农村建筑工匠们，多年来在建房时主要靠的就是传统经验，不知何为"建筑科学"和"建筑美学"。

以溪里方村改造提升为例，破除"拆旧新建"的一刀切模式，而要求"就地取材"，巧妙地将拆除的旧木料、石板等建成围栏、挡墙、花坛、游步道等，用毫不起眼的溪坑石头铺成沿溪步道，用旧梁条、旧墙板点缀在村口巷尾、房前屋后，从而确保村内13处古建筑互相辉映。村内建筑工匠们缺乏审美意识、空间意识，难以做到依托象山特有的山水脉络和山、海、岛、礁、滩涂、田园等独特风光，发扬并提升传统建筑特色，让乡村融入大自然，提升村民幸福感。

与产业"双裂变"新业态对应的是，政府对于乡村建房风貌管控的新标准。其中，象山县2016年出台的《关于加强乡村建设风貌引导工作的指导意见》，明确村庄规划要体现乡村特色，注重建房风貌管控和"宜居宜业宜游"美丽乡村建设主题，"以乡村公共建筑和民居设计为突破口，秉承浙东传统民居和较早年代建成的民居建筑风貌，形成一批具有不同地域特征、文化特色、不背离本土文化的象山农房设计通用图集，处理好传统与现代、继承与发展的关系，既深入挖掘历史文化资源，又充分体现时代气息；既注重农房单体的个性特色，又注重村居整体的错落有致，有序构建村庄院落、住宅组团等空间，减少使用繁琐、复杂的造型，以象山特色丰富浙江民居新范式。"

基于此，象山学院瞄准服务美丽乡村建设、振兴乡村建筑产业这一"靶心"目标不变、焦点不散，并根据现代建筑产业链发展和建筑工匠职业需求发展，采取"两条腿走路"的方式，"标本兼顾"，培育产业大军，树立建筑品牌。一是对现有建筑业从业人员进行技能培训，短期内解决行业对技术人才的需求问题，属于"治标"；二是以学历教育方式培养初、高级技工，通过系统的理论、技能培养，解决乡村建筑工匠的可持续发展问题，属于"治本"。

社会培训方面，学院参照《浙江省农村建筑工匠管理办法（修订）》，对农村建筑工匠免费提供培训。培训对象为农村居民，具备农村住房建设技能，能够独立或者合伙承接低层农村住房施工的个体建筑工匠。按照要求，培训对象年龄需要在60周岁以下，身体健康，具备初中及以上文化程度或者达到初级以上建筑工人的职业技能水平，并具有两年以上施工经验，期间未发生过质量、安全责任事故。培训工种包括钢筋工、砌筑工、混凝土工等。培训课程包括理论和实操，培训内容包括建筑识图、施工技术、施工安全与劳动保护、政策法规、农村建设相关法律法规与农村建筑特色风貌等知识。在近三年的培训中还针对乡村建筑工匠规划意识缺位的现象，扩增了农房建设选址与建筑设计、砖混结构与抗震要求、农房常用建筑材料及其性能、房屋建筑技术与危房处理、古建筑维护等方面的建筑知识。

学历教育方面，2009年开始，学院深化与象山县建筑业管理中心的合作，开设面向大建筑产业、服务本土基础型建筑人才的公费定向培养班，搭建开放教育与成人教育双轨并行的升级版订单式育人平台，开展面向163家建筑企业的从业人员培训及学历提升工作。目前，象山学院与象山县建筑业管理中心合作办学项目已连续开展13年，累计招收土木工程本科学员708人，建筑施工管理专科460人，已毕业学员1043人。为提高象山建筑产业核心竞争力、服务乡村振兴战略提供了重要支撑。

二、"一体两翼"形成合力，推进乡村建筑工匠培育体系建设

乡村建筑工匠的培养离不开以需求为导向的人才培养体系的建设。在这一过程中，基层开放大学作为技能培养的主体，既是学生技能学习的"入口"，又是准产业工人的"出口"，具有连接劳动力与市场的枢纽作用，也是凝聚社会合力参与产业工人培养的重要平台。学院以政校合作、定向培养的"双证班"为突破口，探索实施的"一体两翼"联合培训模式，有效整合了社会资源，形成人才培养合力。

"一体"即以学院作为人才培养主体，通过"工学一体化+新型学徒制"模式让乡村建筑工匠掌握建筑行业通用技能；"两翼"即政府和企业两大辅助，通过信息、场地、师资、课程等多方面的协助参与培育全过

程。"一体两翼"模式创新了政校企联动机制，打通了从初级建筑工人到高端建筑工匠的成长通道，搭建起了现代乡村建筑工匠培育的立交桥。

1. 面试前置，全程贯通

学院建筑双证班增设招生面试环节，每一年在象山县建筑业管理中心报名组织阶段即告知企业与学员双证班教学管理办法，在学员入学注册时须提供企业盖章的承诺书，并由象山县建筑业管理中心组织新生面谈明确学习目标与要求，并在标准化工程现场、象山城乡规划展示馆、象山大目湾新城等地方开展形式丰富的始业教育。教学过程中，学院明确提出"70%到课率"的课堂教学质量标准，当学员实在无法解决工学矛盾请假时须提供企业盖章的请假条，未按要求到课或未认真完成学业的学费将由企业或个人承担。由此，实现了由"培训式订单→提升式订单→全程参与育人式订单"的订单培养模式升级，保障了政、校、企三方资源、组织、文化等要素的全方位融合。2020年新冠疫情期间，学院仍然创新性的以线上直播的方式举行了开学典礼与始业教育。

2. 课证融通，内容升级

早在2016年，学院就跳出土木工程操作性专业规则的"藩篱"，修订《建筑专业规则》，将行业岗位任职标准、职业资格证书考核标准和竞赛项目考评标准（如建筑CAD技能竞赛）融入课程教学内容和实训操作考核项目，增加《工程经济与管理》《建设工程项目管理》《专业工程管理与实务》《建设工程法规》等4门建造师考证拓展课程，着重面向所有学员开展施工员、质检员、安全员、质检员等岗位资格证书以及工程造价估算、建筑装饰与设计等有关证书的培训课程。由此，推进"规定性课程→模块化课程→菜单式课程"的专业课程体系升级，为每位学员提供个性化、精准化的"学习菜单"，落实选择性进修机制，引导学员考取多本证书，确保毕业时获得学历证书与从业证书"双证"，做到"教学、生产、培训（考证）"全过程融通。

为了让课程更能融合象山本土建筑文化，学院还引进《象山村（居）民建房指导手册》作为读本，开设本土文化特色选修课程。该课程通俗易懂地介绍农村建房政策法规、审批程序，细致地说明住宅选址、朝向、间距、层高、外观、抗震抗裂、节能生态等知识，教师还为学员列出供选择参考的从80平方米到140平方米不等的26套村居房型，不仅有"中国风"

的外观效果图，还有一目了然的平面图、立面图、剖面图和侧面图。来自鹤浦镇樊岙村的泥瓦匠罗学如在接受培训后感到受益匪浅："以前村民建房完全自发进行，全凭经验，很难造出有设计感的房子。而这些样板户型不仅外观美观，而且推荐使用的瓦片、青砖、麻刀灰涂料等材料常见又实用，造价不高，建造工艺也是我们得心应手的，非常具有可复制性。"

3. 产教融合，基地共建

项目实施之初，学院就与象山县职业高级中学签订协议，共享象山教育园区（象山电大原校址在教育园区内）建筑专业教学实训与竞赛基地，如 CAD 制图实训室、土建施工实训基地、工程项目管理实训室等，实现"优势互补，资源共用，注重实效"。校与校共建之外，学院还谋求校企共建之路。目前，学院已与龙元建设集团、宏润建设集团等象山知名企业签署了紧密合作协议，共建了建筑施工员管理流程实训实验室、建筑工程预算员实训实验室、建筑计算机制图、识图实训实验室等多个建筑岗位链全覆盖的校外产教融合实训基地，共同开发岗位实训、技术攻关和技术创新项目，实现了"理实结合→产学融通→产学研一体化"的实践教学机制升级。

在实践教学中，针对乡村建筑产业"不规范"的弊病，侧重建筑材料检测砌筑工实训，抹灰工实训，钢筋工实训，建筑电、焊工实训，管道工实训、测量放线工实训等，同时指导教师尽量考虑与行业、工程实例的结合，设置《业主方的施工索赔管理》《灌注桩施工质量事故的预防及分析处理》《施工单位施工现场成本管理》等课题，让学员带着任务去调研、设计并完成，学员可以边工作边学习，企业里聘请的技术人员也能给予最直接的指导，使得理论知识和实践知识得到有机结合，学习能力和工作能力得到同步提高。2017 年，学院《开放教育土木工程专业实践教学改革研究》结题完成宁波市教育科学规划课题结题，研究成果发表在宁波电大学报。

4. 线上线下，混合教学

为让更多学员实现"本岗胜任、多岗迁移、终身发展"，学院还以数字化、在线化、智能化的方式，应用和推广线上线下混合式教学。线下通过教师的面授、答疑、研讨等一系列活动进行深层次的进阶学习，为学员提供真正个性化的、有针对性的学习体验。线上培训充分发挥远程在线教育的优势，利用互联网进行网络视频培训教学，即采用现场实景拍摄加人员操作演练的形式进行，在步骤和关键要点配有文字标识和语音解说，内容详细清楚、通俗易懂，让农村建筑工匠都能够轻松掌握施工的操作要点。2020年新冠疫情期间，学院依托"浙江省农村建筑工匠培训信息系统"，改变以往人群聚集的线下培训方式，可实现农村建筑工匠培训"一次都不跑"，探索建立农村建筑工匠线上培训新模式。

三、美丽乡村遍地开花，擘画乡村建筑产业质量发展蓝图

1. 乡村建筑工匠持证上岗，优秀建筑业企业家成为产业中流砥柱

在象山县住房和城乡建设局的牵头下，截至2021年12月累计培训农村建筑工匠409人，发放农村建筑工匠培训合格证404本，考核通过率98.8%。持证上岗，规范操作，改善了农村建筑市场落后面貌，保障了农村建房质量和安全生产，助推了农村建筑行业健康发展。同时，学历教育方面，学院培养的毕业生中拿到建筑五大员或建造师等证书的比例在95%以上，建筑从业人员持证率位居宁波前列。此外，学员中有50余人多次获得省、市、县级政府表彰，20余人获得国家级、省级、市级、县级优质工程奖项，其中学员周小燕负责的承建工程被评为2019年度浙江省建设工程钱江杯奖（这是目前浙江省建筑行业的最高奖项）；以王良明、吴贤文、朱伟族、俞海江、乐伟康等10余人为代表的，闻名上海、宁波、象山的优秀建筑业企业家不断涌现，他们承担起一个又一个"高大难精尖"项目，撬动象山整个建筑产业向绿色、健康、低碳转型。

2. 美丽乡村建设领衔全省，形成"集镇+中心村+特色村"的乡村架构

乡村建筑工匠带头投身双下湾村、吊水岩村、大岭后村、金牛港村、台头村、后山村、中岙村等美丽宜居示范村建设项目，实现了美丽乡村分类创建和农村人居环境的全面提升，初步形成了"集镇+中心村+特色村"的乡村架构，打造了美丽乡村高质量建设的"象山标杆"。据统计仅2020年，象山县就建成省级新时代美丽乡村达标村123个、省级新时代美丽乡村精品村41个；创建黄避岙乡市级美丽乡村示范乡镇1个，梅映丹东、灵岩乡韵市级美丽乡村风景线2条、东陈乡旦门村等市级美丽乡村示

范村 5 个以及县级特色村 11 个。其中双下湾村是高质量创建美丽宜居示范村的一个案例。通过驳岸改造、亲水平台等 10 多个改造项目，建设游客码头，完成道路硬化，村容村貌焕然一新，如今走进鹤浦镇双下湾村，农家别墅错落有致、村道宽阔整洁……宁静的村庄与不远处的大海汇成一幅美丽的滨海渔村风光画卷。

3. 联合培训模式成效显著，吸引省内诸多主流媒体持续跟踪报道

学院乡村建筑工匠培养模式由于成效显著受到省内诸多主流媒体的持续跟踪报道。2009 年 10 月《宁波日报》报道《一个电大班走出 38 个建筑业精英》指出象山电大学生集体成才现象引人关注；2011 年 12 月，浙江在线新闻网站发出专题报道《宁波象山：建筑业人才队伍建设取得重大进展》肯定象山县建筑业人才培养的新模式；2014 年 11 月《宁波日报》报道《象山五千电大生点亮建筑强县》，认为白天下工地，晚上进课堂，理论与实践相结合的模式使得象山学院成为建筑业人才培养的基地和摇篮。除此之外，象山电视台、今日象山公众号也对象山学院的人才培养模式及培养的毕业生进行多次报道。

【乡村建筑优质学员案例一】

朱伟族：立志以建设者的使命担当 奋力续写人生愿景新篇章

创业十余载，弹指一挥间。2020 年是极不平凡的一年，这一年对浙江润业建设有限公司董事长朱伟族来说，注定是值得铭记的一年。他砥砺奋进，敢破敢立，取得了引以为豪的业绩：2020 年 10 月 12 日，他完成了与中国能源建设股份有限公司的股权合作，共同组建中能建华东润业工程建设有限公司，也为宁波民营建筑企业与中央大型企业改制转型提供了成功案例。

1. 迈好人生转型坚实步履

2008 年底，朱伟族以股份转让形式将濒临倒闭的私营企业重组为浙江润业建设有限公司。在无资金实力支撑，一切都是因陋就简，白手起家的现状下，怀揣着永不服输、愈挫愈勇的进取精神，补文化、啃业务、拓市场、立信誉。历经日复一日、年复一年的付出，功夫不负有心人，机遇眷顾有志者。朱伟族先后取得了大学本科学历和高级工程师职称。同时，企业也不断发展，从创业之初施工产值不足 1000 万元、上缴税收 2.5 万元，

到 2020 年底施工产值达到 20 多亿元和上缴税收 2300 多万元，实现了向以公路建设为主业的施工总承包一级资质企业跨越，从而也实现了本人与企业发展的"同频共振"，迈出了改变人生轨迹的坚实步履。

2. 用心铸就"富民路"

"若要富，先修路。公路建设到哪里，致富的源泉就流淌到哪里。"出生于 20 世纪 60 年代末的朱伟族，家乡贫瘠落后。那时候农家子弟务工出行、孩童就学干活非常普遍。他们每天面对的是布满荆棘的小道和负重跋涉的崎岖山路，其中的艰辛不言而喻。曾经的记忆，伴随着童年艰辛的成长背景，朱伟族立志要修筑宽阔大道的愿景时时萦绕在心间。2010 年迎来了国家鼓励民营企业做大做强、公路建设环境持续向好的发展机遇期，他以敏锐的目光、独特的意识，先后在"71 省道茅石线新桥段改道工程""环象山港公路（龙屿至高泥段）工程""石浦高速公路定塘连接线（马漕线）改建工程"等项目中，分别以 BT、PPP 等创新模式，及时破解了建设资金不足等困境，赢得了项目建设的主动权。他视工程质量为企业立身之本，项目先后获得了省、市等多项荣誉。

2017 年开工建设的"石浦高速公路定塘连接线（马漕线）改建工程"是石浦甬台温高速复线的重要节点，该项目在隧洞施工中突现严重的浅埋偏压现象，土体强度和整体性极差，在强降雨渗透作用下，拱顶的荷载极易导致洞体开挖后造成土体大面积塌方，对施工进度与隧洞稳定形成极大威胁。面对新情况、新问题，朱伟族第一时间邀请知名隧道施工专家及相关部门对方案进行再论证，最终决定采用"盖挖法"支护方式。这个办法确保了隧道施工质量与安全，并将由此造成的 2 个月延期又补救回来。

如今，这些工程项目如同一条条彩带，已蜿蜒飘逸在象山青山绿水间，串联起全域旅游的斑斓景点，成为助力新农村建设、促进当地经济社会发展的"富民路"。

3. 创业毋忘桑梓情

从贫瘠山村走出来的朱伟族，在事业稍有起色后，他笃善为民、荫及故里，始终没有忘记这片生于斯、养于斯的故土之情。每逢乡镇、村里邀集乡贤们共商回报社会、恩泽乡梓、捐钱捐物之机，他总是踊跃应诺，毫无推托之辞。他还有一条自我约定的"习俗"，每遇农村传统节日都要为村里60周岁以上的老人送上慰问礼品。他经常勉励自己,家乡虽然发生了巨变,但我们作为先富起来的要常怀乡愁之情,常施善举之心,带动后富者、贫弱者共同致富,这也是一个企业负责人应尽的社会责任和道德良心。十余年来,朱伟族为家乡等捐资捐物累计达200余万元,为助力新农村建设及济困帮贫慷慨解囊。涓涓细流汇成的思乡情怀和孝善之心,赢得了当地政府及村民们的赞许。

(来源:宁波住建微信公众号)

【乡村建筑优质企业案例二】

浙江良和交通建设有限公司:劈山开道铸丰碑 江河湖海写辉煌

浙江良和交通建设有限公司一直坚持"以一流品质获取市场信任,以优质服务赢得顾客满意,以持续改进寻求企业发展,以卓越管理竖立良和品牌"的经营理念,不忘初心、坚守主业,全力打造优质工程、诚信工程、放心工程,赢得了良好的社会口碑。

公司成立于1993年,前身为象山县路桥工程建设公司。1998年与象山县交通工程公司合并,改名为象山县交通建设有限公司。2000年转制正式成立股份制有限公司。公司发展至今,拥有较为齐全的国家基础设施建设资质。

"十三五"期间,公司获得了三项浙江省工程最高质量奖(钱江杯),5项宁波市工程质量最高奖(甬江杯)。公司连续5年获得宁波市贷款企业资信等级AAA级,连续13年获得交通部、省交通厅AA级信用等级,连续9年被评为浙江省工商企业信用AAA级"守合同重信用"单位,连续10年被评为县级重点骨干企业,跻身宁波市建筑业骨干企业、宁波竞争力百强企业、浙江省建筑业优秀企业名录。

1. 攻坚克难,合力攻坚

2019年是公司发展高峰期,在建项目众多,点多面广,平均体量大。特别是214省道(鄞州大道至奉化段)改建工程,工期紧,任务重,还面临着管理不到位、亏损等风险。为此,公司投入了大量的人力、物力、财力,付出了艰辛的努力,把损失降到了最小,把"面子"挣到了最大。

该项目由于区划调整原因,一直处于非正常建设阶段,加上项目地理位置特殊，车流人流集中，施工阻力较大。2019年底，项目施工进入冲刺阶段，根据交通部门的要求，工程必须在12月25日交工完成。由于时间紧、任务重，公司和项目负责人第一时间作出部署，采取有效措施，调整施工工艺，增加施工人员，加快施工进度，实行全天轮班施工，桥梁、路面、沥青、绿化等全面展开。为确保工程按期完工，公司和项经部调整制定了详细的抢工计划，重新倒排工期。同时，抽派公司工程部负责人全天蹲点，对工程的实施进行全方位监管，并协调解决在施工中碰到的问题。经过20多天昼夜奋斗，项经部如期完成各项既定的目标任务，确保道路主体畅通、标志标识明显、绿化工程基本建成、平面环境整治基本到位，比市交通局下达的目标提前10天完成。

2. 培育新人，激发活力

"我们内部培养人，也有自己的规矩和特色。"浙江良和交通建设有限公司董事长王良明如是说。本着"内培为主，外引为辅"的原则，除了一些特殊人才需要外部引进以外，公司内部很早就实行了中层及以上干部竞争上岗制度，三年一届，届满一律全部重新竞聘上岗，有效、持续地为公司输入新鲜血液。近年来，公司尤其重视对年轻干部的培养，通过开展师带徒结对、双推双考干部选拔等多种方式，给予了一批年轻人才发挥自身能力的机会。近年来，中高层领导干部年轻化趋势明显。新一轮任命的中层干部平均年龄仅为32岁，较之前的平均年龄大大降低。公司完成了一次初步的"换血"，工作活力进一步得到提升。

3. 饮水思源，党建共建

"饮水思源，良和人一直怀有感恩社会、回报社会、关爱员工之心。"浙江良和交通建设有限公司在象山、镇海慈善总会和长安大学、重庆交通大学等地分别设立冠名慈善基金和教育发展基金，每年向当地和结对困难群众、学生捐助善款，并为公司困难职工提供无偿的资助。目前已累计捐助各类善款逾2000万元。

公司还积极开展党建工作，把党支部建在项目上。早在2008年，在承接"象西线沥青改造项目"时，项目部党小组和工程沿线村庄的党支部开展党建共建活动，工程施工得到沿线各村党支部的大力支持，80天就完成了18公里路面改造，提前竣工通车。

这种党建共建传统得到了很好的传承，2019年1月，在象山县委组织部、建管中心和当地镇政府的支持下，良和承建的宁波石浦高速TJ2标项目党支部与周边5村组成党建共建联盟，按照'资源共享，党建共做，优势互补，协调发展'的原则，共同开展党建活动，以党建工作促进项目建设。

4. 居安思危，未雨绸缪

"为积极适应市场变化，必须加快推动转型升级。" 2012年，公司投资2000万成立了良和科技有限公司，聘请1名博士生和3名研究生组成科研团队，开发桥梁和隧道动态监测系统。为加大科技创新力度，2016年，公司陆续投资600万元开发建设信息化，提升信息化管理水平，与阿里巴巴等平台建立战略合作，对项目管理实现全过程管控，省去了不少人力，工作效率还提高不少。

截至目前，良和的科技团队已经初露锋芒，他们开发的系统已被广泛应用于宁波、台州、温州、舟山、武汉等区域的大桥动态安全检测，能够实时监控大桥轻微的数据变化。2020年12月，公司与浙江大学合作开发的课题"大跨缆索承重桥灾变模拟监测控制一体化关键技术及工程应用"获得中国公路学会科技创新一等奖。

为加强技术和管理力量，公司聘请了13位国内顶尖专家组成的"智囊库"，这些"智囊库"成员的主要工作是为公司技术和管理难题出谋划策、把脉问诊。公司会不定期有选择地组织智囊库成员，对公司和项目存在的一些问题进行探讨，争取发挥每一位智囊的优势，为公司各领域的良性发展把好关。

（来源：宁波住建微信公众号）

第四节　对标旅游产业落实"乡村旅游服务员"定向培训

观海潮、沐海风、尝海鲜，可以选择茅洋乡花墙村精巧别致的渔家客栈；体味山水风光、茂林修竹、清溪古桥，可以漫步墙头镇方家岙村乡间小道；欣赏"小桥流水人家"的诗画小景，则可以来到泗洲头镇何婆岭村……旅游业是象山县域经济战略性支柱产业，象山县海洋旅游资源冠绝长三角，拥有 23 处金色沙滩，总长 12.1 公里，象山旅游经过 20 多年发展，已形成了"一带四区"的旅游业发展空间格局，成功打造了滨海度假、休闲海钓、自驾露营、水上运动、影视（文化）体验、乡村旅游、海鲜美食等旅游业态产品。

乡村旅游更是象山旅游业的一块金字招牌。据统计，象山县建有海岛风情、山水风光、田园牧歌等不同主题的省市级旅游特色村 19 个、精品民宿 8 家，省旅游风情小镇、省 A 级景区镇村、市乡村全域旅游示范区、民宿（农家乐）总量、精品民宿数量均居宁波市第一，农家客栈床位突破 1.8 万张，床位数占宁波全市 63%，乡村旅游直接从业者超万人。

2015 年至 2020 年的"中央一号文件"中，曾多次涉及乡村旅游相关内容。2021 年中央一号文件重点提到了"休闲农业""乡村旅游精品线路"和"实施数字乡村建设发展工程"三项内容。近年来，浙江省也出台了《关于推进乡村产业高质量发展的若干意见》等系列文件，提出"做精乡村休闲旅游业"，要求依托乡村景观、历史文化等资源，大力发展果蔬采摘、农事体验等休闲农业，做大农家乐和民宿经济，建设森林康养、生态旅游基地。

旅游飞速发展的同时面临的是对民宿硬件设施与民宿业主素质的更高要求，为加大对休闲农业与乡村旅游产业振兴的服务力度，象山学院开发了乡村旅游发展、农家乐规范提升、应急安全、民宿农家菜烹饪、民宿客房与餐厅服务、民宿电商直播营销、民宿插花艺术、民宿茶艺等八个培训项目，开展多形式的乡村旅游从业者、旅游商品经营户、农家乐经营者定向培训服务，孵化了一批特色村"旅游经理人"，成就了一支高水平的乡村"旅游服务队"，助力了象山乡村旅游高质量、高品质发展。

一、业态摸底，绘制乡村旅游培训新需求图

本着"需要什么，培训什么；缺什么，补什么"的原则，学院坚持"先摸底、再办班"的策略，把脉乡村旅游产业最新走势，明确乡村旅游人才需求和培训需求，确保培训学员、培训内容、培训教师精确定位，以期达到精准培训的目的。

1. 象山乡村旅游现状及趋势

根据笔者多年实地调研分析,象山县域乡村旅游产业现状与趋势如下:

其一,乡村旅游重点村、特色村陆续形成。2019年开始,文化和旅游部、国家发改委联合打造全国乡村旅游重点村。其中象山县墙头镇方家岙村名列第二批全国乡村旅游重点村名单。此外,宁波市还积极加大乡村旅游规划,构建乡村旅游特色村。自2015年象山被评为全国休闲农业与乡村旅游示范县以来,已建有26个旅游特色村,形成了一批体制机制创新、政策集成创设、资源要素激活、联农带农紧密的休闲农业创业福地、产业高地、生态绿地、休闲旅游打卡地。

其二,乡村旅游类型多样,形式丰富。目前,象山县休闲农业与乡村旅游主要呈现四种类型,即农家乐、民俗村、农业园以及休闲农庄。结合现阶段城乡一体化进程的发展情况,乡村体验类乡村旅游形式多样,成为重要的乡村游类型。由此,乡村旅游消费模式从观光式旅游过渡为度假式深度体验游。据统计,2020年象山26个旅游特色村共接待游客355.67万人次,实现旅游收入3.92亿元。

其三,多样化、体验化、融合化成未来主要趋势。目前,象山乡村旅游已超越农家乐形式,向观光、休闲、度假复合型转变,随着人们消费升级的提升及个性化需求的增加,象山县乡村旅游逐渐向多样化、融合化和个性化方向发展,形成"乡村主题化、体验生活化、农业现代化、业态多元化、村镇景区化、农民多业化、资源产品化"等8大新趋势。当下,为更加突出乡村功能与旅游功能的叠加融合,象山县正在积极构建"处处皆风景、时时能旅游、行行加旅游、人人享旅游"的全域旅游发展格局。

2. 象山旅游产业人才与培训需求

随着乡村旅游产业规模的不断扩大,旅游业人才紧缺问题日益凸显。目前,象山县旅游人才供应缺口较大,主要是技能型服务人才紧缺、领军型高层次人才缺乏、专业性人才短缺,也就是说,乡村旅游产业尚未形成行政管理、企业经营、行业服务三个层面的旅游人才体系。

在旅游人才需求的横向比较上,服务型人才缺口和培训需求最大。学院从民宿经营者群体处了解到,乡村旅游蓬勃发展,但是来村投资旅游的企业也常遇招工难。尤其是很难找到合适的懂得服务礼仪、服务规范的服务人员，一方面城里人不愿意到乡下就业，另一方面乡村自有村民知识技能落后，难以立即上岗。

其次，懂经营、会管理、善企划、精设计的管理型人才和智力型人才在市场上也大有缺口，调研反映，特别是民宿管家或者店长型中层管理人才供需矛盾最为突出。2020年，象山县针对乡村旅游产业发展深受人才短缺限制的现状，在全省创新推出特色村"旅游经理人"岗位，组团招聘专业人才从事乡村旅游专业管理工作。旅游经理的职责是以旅游特色村为工作地点，发挥专业优势，致力于特色村旅游的宣传、管理、服务和农副产品推介等工作。目前此类人才的培训需求日趋旺盛。

在市场需求调研外，学院还主动对标政策需求。2018年以来，象山县制定和出台了《象山县旅游业人才素质提升实施方案》《象山县创建省文旅产业融合试验区实施方案》等多个文件，将强化新型旅游人才建设，尤其是乡村旅游实用人才培训放在全域旅游示范区创建的首要位置，呼吁和鼓励开展以"提升乡村旅游人才整体素质和职业能力"为主题的培训。要求培训对象覆盖全县乡镇（街道）领导干部、涉旅部门领导干部，旅游企业中高级管理人员、旅游企业从业人员，乡镇（街道）旅游管理人员、旅游重点村村干部、示范户和带头人，乡村民宿（客栈）业主和从业人员等不同群体。因此，提升培训对象覆盖面成为新一轮培训开展的关键任务之一。

二、定向培训，钩织乡村旅游产业新人才网

学院把"质量强旅"作为旅游产业培训服务的核心理念，以推动象山乡村旅游转型升级，把发展乡村旅游与美丽乡村建设、现代农业发展和共同富裕等紧密结合，以规范提升乡村旅游从业者专业技能和服务水平为总体目标，以引导农民转变就业观念，促进农村借发展旅游实现共富，为乡村旅游业发展钩织新人才网为主要内容，以创新培训项目为亮点打造培训品牌，以优化培训模式为切口提升培训质量，从而为象山乡村旅游发展培养一批具有一定市场意识，懂经营、会管理、有技术的新型不离土、不离乡的乡村旅游实用人才。

1. 常规培训+专题培训，打造培训品牌

常规培训具体包括乡村旅游发展综合培训、农家乐规范提升培训和应急安全培训。

乡村旅游发展综合培训旨在提升管理层在县域乡村旅游路线开发和民宿周边旅游线路设计方面的能力。主要面向乡村（社区）分管领导、乡村旅游经理人等，培训内容包括从乡村旅游现状、乡村民宿经营与营销、旅游细微服务管理、旅游定位及有形环境设计等。

农家乐规范提升培训旨在提升农家乐规范化运营水平，主要面向农家乐业主、乡村（社区）分管领导等，培训内容包括围绕农家乐经营管理、体验活动策划、服务技巧、乡村特色菜品开发、乡村特色体验活动等。

应急安全培训旨在提高旅游从业人员的自救互救能力，在突发事件和意外事故后最大限度地减少事故伤亡和伤残，为游客提供应急救援服务，为游客的健康和生命提供必要的保障。培训对象包括各类乡村旅游从业者，培训内容侧重突发事件救护知识与技巧，具体包括气道异物阻塞及处置方法、创伤止血技术、现场包扎技术等内容。

专题培训围绕民宿服务与经营需求进行设计，包括民宿农家菜烹饪、民宿客房与餐厅服务、民宿电商直播营销、民宿插花艺术、民宿茶艺等主题。

民宿农家菜烹饪培训旨在提升民宿经营者以及乡厨们的家常菜烹饪技巧，丰富民宿创意菜品，打响"嗨象山"品牌，推动象山"海鲜十六碗"规范化、标准化、大众化发展。具体培训内容包括烹饪原料知识、烹饪营养与卫生、如何实施规范化操作、冷菜的制作工艺、中式烹调及装盘技巧等。

民宿客房与餐厅服务培训旨在强化民宿服务水平，提升从业人员的服务技能。培训对象包括民宿经营者、民宿服务员、民宿管家等。具体培训内容包括餐厅的斟酒礼仪、上菜原则及注意事项、撤换骨碟酒具、摆台等服务礼仪、席间服务、客房铺床及卫生清洁程序等，还涉及餐巾折花和客房创意小景。

民宿电商直播营销培训主要是针对新形势下的旅游新媒体营销现象，尤其是当下抖音等直播平台的引流能力，面向民宿经营者和农家乐店长开展，以提升其直播引流、视频拍摄、平台运营、新媒体应用等技能，增强乡村旅游的品牌吸引力。具体培训内容包括抖音短视频、微信公众号运营、小红书推广等。以抖音短视频培训为例，包含抖音直播购物车基础功能、直播商品分析、剪映剪辑等方面的内容。

民宿插花艺术培训旨在提升农家乐和民宿的软环境设计与服务水平，提升民宿与农家乐住宿品质，优化乡村旅游的体验感，为打造主题型民宿奠定基础，具体培训内包括花语寓意、花材知识和插花技巧等。

民宿茶艺培训旨在引导民宿经营者在茶艺中感悟传统文化、在茶道中品味生活真谛，提升民宿经营者的人文素养，丰富民宿茶文化特色体验路线。具体培训内容包括茶艺理论、各种茶品冲泡知识、品茶美学、民宿与农家乐特色服务、民宿定位与产品供给认知等。

2. 固定课堂+移动课堂，提升培训质量

为方便学员，学院将培训地点设在校内或乡村，实行就地就近培训或送教下乡两种形式，并科学设计课程内容，灵活安排培训时间，采取"固定课堂""移动课堂"相结合的方式，解决培训时间、空间的矛盾，达到高效的培训效果。

固定课堂以理论讲解、专家讲座等形式为主。以民宿茶艺培训为例，在校内茶艺室开展，邀请国家一级茶艺师、国家高级评茶员、宁波城市职业技术学院副教授初晓恒博士来给学员讲课，通过理论与实操技能培训相结合，师生互动、专家答疑等方式，以促进民宿业主经营理念和素质内涵的转变提升。"经过两天的培训，我感受到了茶文化的博大精深，既对茶有了新的认识，也能将所学技艺更好地运用于生活中、服务于岗位上。"在茶道文化熏陶后，经营民宿的学员颇有感触。

再以安全应急培训为例，邀请县红十字会专家团队进行现场授课，通过视频宣讲、案例分析、教师演示、分组实操等方式，指导学员了解应急救护"黄金四分钟"的重要性，掌握心肺复苏、止血包扎、骨折现场处理等急救技能，从而强化学员的应急安全意识，提升其应急处置能力，掌握实用急救知识和技能。

移动课堂一方面包括线下实践课堂。在外出实践教学环节中，全部由学院双师型教师担任，既具有实地教学的教学水平，同时也具有组织团队、安排实践项目活动的能力。例如组织学员走出课堂，走到乡间，参观文山村、白岩下村的6家民宿，手把手指导、面对面交流，让学员真正感受到乡村旅游的发展前景，充分认识文化要素在乡村旅游发展中的重要作用和意义，解决乡村旅游"乡土味"不足、文化内涵不高的问题，注重乡村文化的挖掘，并充分利用乡村文化特色，使乡村旅游发展获得持续的生命力。

另一方面包括在线移动课堂，以移动班级、翻转课堂、视频直播等新型学习模式为主，专家、学者和实践成功者在线讲授乡村旅游专业知识，分享乡村旅游成功案例；学员通过手机、平板或者电脑观看在线直播课程，并进行在线实时的"面对面"互动答疑。

三、富农创收，击中乡村旅游发展新增长点

乡村旅游的落脚点是乡村，乡村性和本土性才是吸引游客的"制胜法宝"，近年来，学院本着立足乡情、因地制宜、因村施策的原则，打好"当地牌"，调出"本土味"，充分挖掘以居住地、服饰、饮食、礼仪、游艺等为主的民俗文化要素，累计组织乡村旅游培训十余期，覆盖全县26个特色旅游村、21位乡村旅游经理人、数百位乡村旅游从业者，打造了地域特色浓郁的乡村旅游培训服务品牌，真正做到了富农创收，让乡村旅游"形神兼备"，成为休闲象山的新增长点。

民宿（农家乐）经济成为带动村民增收致富的有力补充，以贤庠镇为例，培训学员所创建的随囍民宿获评省金宿级民宿，房源供不应求；青莱村将村内古建筑回收为集体所有，引进德清西坡民宿品牌，实现集体增收15万元以上；碶头陈村打出了"七彩花田"民宿精品路线，仅2021年"五一"期间就接待游客2万多人次，实现经济收入10余万元。

特色文旅活动全面扩大乡村旅游的品牌影响力，以墙头镇为例，2020年先后举办了"环港古道美丽乡村健身行""木海马运动会""乡野艺术节""宁波西沪港'冬渔节'"等特色文旅活动13场次，打造了一批兼具影响力、吸引力和市场竞争力的差异性旅游产品，吸引了八方游客，在微信、抖音等网络平台上掀起热潮，吸引了更多游客以及投资目光。2020年该镇接待游客48.6万人次，旅游综合收入5832万元，累计建成农家客栈70家，床位数突破1400张。

乡村旅游定向培训还带动了特色种养殖业的蓬勃开展，每个村都围绕

"农家乐"主题，发展相关配套的种养殖业，如晓塘的象山白鹅基地、柑橘基地，定塘的草莓基地、雅林溪的桑果基地、黄避岙的杨梅基地、新桥的琵琶基地，由此西周竹笋节、大徐桑果节、泗洲头杨梅节、晓塘柑橘节、东陈白鹅节等成为象山乡村旅游的一个个亮点。以新桥镇为例，该镇2021年枇杷节吸引了县内外4万余名游客争相品尝枇杷，农户们不出家门就将枇杷销售一空，实现产值3000余万元。

第四章

服务乡村文化振兴的本土实践

习近平总书记指出，乡村振兴，既要塑形，也要铸魂。文化，是乡村延续和发展的灵魂所在，文化兴则乡村兴，文化美则乡村美。文化振兴作为乡村振兴的重要动力来源，贯穿于乡村振兴全过程，为乡村振兴走深走实提供精神支柱和文化滋养。近年来，随着乡村振兴战略的实施，我国乡村文化建设的滞后性开始显现出来，并且成为制约乡村振兴的一个重要因素。

如何以文化的眼光统筹乡村振兴，让文化的价值铸就乡村文明，让乡土自信成为乡村振兴更基本、更深层、更持久的力量？"身体力行保护文化遗产，为子孙后代留存文化火种；合理利用文化遗产资源，让文化遗产'活起来'；深化保护理念，在保护中发展，在发展中保护。"以习近平同志为核心的党中央将文化遗产保护与发展工作作为乡村文化振兴的重头戏，进而推动乡村社会价值观念的现代化转型，为乡村集聚精神力量。

唯有立足区域文化本底，唤醒本土文化基因，使之与现代文化结合，融入乡村振兴的细微肌理，让学校成为乡村社会文化建设、文化传承以及文化活动的中心，才能发挥其在凝聚人心、教育群众、净化民风等方面的重要作用。因此，宁波开放大学象山学院主动履行"文化传承与创新"的使命担当，参与乡村文化建设，在乡村文化振兴过程中发出"最强音"，走出了以"党建共建"为特色的红色文化传承之路、以"七巧绣社"为载体的创业文化发展之路、以"礼堂课程"为抓手的老年文化创新之路、以"展馆游学"为纽带的民俗文化繁荣之路。

第一节 "党建共建"传承乡村红色文化

象山县新桥镇洋坑村有高山流水，文脉绵绵，恰如祠堂门口的对联"玉溪滋文脉源长流远，凤谷蕴福地叶茂枝繁"所蕴意的。而这方传奇山水，还是一块红色热土。青年吴烨（1913—1941）接受革命思想，依托学堂传播真理，后投身新四军队伍，1940年担任中共福建邵武中心县委宣传部长，次年被叛徒杀害，年仅29岁；洋坑还有两位革命烈士，吴忠良（1922—1951），壮烈牺牲在抗美援朝战场上；俞保才（1935—1959），为江苏吕泗洋抗台护渔献出宝贵生命。近几年，洋坑村因势利导，挖掘村落传统、红色资源，以"红色旅游+特色农业"为主题，开发楠山林果基地，实施军事田园振兴项目，建立祠堂文创中心通过校村合作，成为传承红色文化的标杆。

在象山县，有着红色资源和红色底蕴的村落不在少数。这些传统村落发生过许多重大历史事件，留下了丰富的红色文化遗产。为了从历史的深度、文化的厚度、传承的力度上丰富乡村文化，让红色文化触手可及、深入人心、代代相传，象山学院以红色资源挖掘、保护与弘扬为支点，以"校区+社区"党建共建为杠杆，撬动底蕴与诗意兼备的乡村红色文化"软实力"，让红色信仰之火汇聚成生生不息的红色能量，成为当代人宝贵的精神财富。

一、乡村红色文化遗产的内涵与保护

红色文化是在革命战争年代，由中国共产党人领导创建，并极具中国特色的先进文化，蕴含着丰富的革命精神和厚重的历史文化内涵。根据我国有关部门界定，红色文化遗产是指1921年中国共产党诞生至今中央革命根据地、红军长征、抗日战争、解放战争时期以及新中国成立之后和改革开放以来的革命纪念地、纪念馆、纪念物及其所承载的革命精神。

在乡村文化中，红色文化是最为鲜明的标识之一，对于激发基层群众的奋斗意识、奋斗情感和奋斗精神有着正向的积极的意义，能够在乡村振兴进程凝聚思想共识、触发行动自觉、提供动力源泉。从某种意义上来说，乡村的文化史、革命史、创业史，就是国家民族悠久历史的集中缩影，就是党领导人民艰苦奋斗的真实写照。红色历史、红色故事、红色传统，不仅是乡村基层群众集体历史记忆的载体，更是新时代实现乡村全面振兴的底蕴、底气和底色。

1. 乡村红色文化遗产

近年来全国各地都出台了《红色文化保护传承条例》，进一步明晰了乡村红色文化遗产的组成，为乡村红色文化遗产的保护指明了方向。但从当前资料和文件中可见对于红色文化资源的提法与概念较多，有红色文物、红色文化遗产、革命历史文化资源、革命历史文化遗产、革命文物等几种。几种概念混淆混用的现象较多。从教育教学视角，学院着重将红色文物和红色文化遗产进行了辨析，最终将其界定为红色文化遗产。

文化遗产一般包含从存在形态上分为物质文化遗产（有形文化遗产）和非物质文化遗产（无形文化遗产），故红色文化遗产也包含物质和非物质两大类。而从《文物法》来看，红色文物包括具有历史价值的名人旧居、会议旧址、历史陵园、纪念碑、红军遗物、文献资料等，而不包括那些人造工程和一些非物质或口头文化遗产。因此红色文化遗产范畴中包含了红色文物。

其中红色物质文化遗产即红色文物，红色文物是红色文化的物质载体和现实依托，是红色文化的记忆符号和信息纽带。以象山县为例，目前县内共有不可移动红色文物14处，主要包括殷夫故居、王家谟故居、贺威圣故居、山海楼等，其中县级文保单位8处，文保点4处，三普登录点2处，分布在丹西街道、大徐、墙头、贤庠等红色村落中，类型以烈士故居、烈士墓、重要史迹为主；60件可移动红色文物，主要为大革命时期至解放战争时期的革命文物，类型为手稿、印章、烈士遗物和遗像等，如"象宁人民抗暴游击总队之印"印章，贺威圣墓碑原文稿，殷夫、陈良义遗像等。

红色非物质文化遗产主要包括红色故事、红色传统、红色习俗、红色歌曲、红色口号等等。其中象山以其独有的"唱新闻"形式演绎的红色曲目堪称一绝。"唱新闻"形成于清代，在象山境内表演时皆用象山土腔土调说唱，说唱相间，以唱为主，悦耳动听；内容不仅反映本地的风土人情,还反映了革命精神,先有新闻后有戏,唱尽世间百态,于2011年经国务院批准列入第三批国家级非物质文化遗产名录。"唱新闻"的红色代表作品主要有《双兰英》《邬玉林》《日月琴》《那片红》等。

2. 乡村红色文化遗产保护的困境

近几年来,象山县在红色文化遗产保护方面做了大量工作,特别是对于红色村落的保护与再建,但是仍然停留在抢救性保护层面,没有形成长期机制,存在着不容忽视的问题和困境。

一是思想认识不足,保护现状堪忧。由于象山县大多数"留守"乡村的农民文化层次较低,对于红色文化遗产的这一不可再生资源的价值认知不到位、保护思路不明晰,主动保护和参与保护的自觉性较低,仅有少数村民将红色遗址、文物作为传承与关注的对象,导致保护措施不力。特别是故居、遗址等文物,常年无人居住和维护,受自然因素损毁严重。例如象山县新桥镇洋坑村吴烨烈士故居就曾出现过年久失修成危房的问题。

二是保护机制不顺,规范管理缺位。近年来,浙江省美丽乡村建设步伐加快,乡村现代化进程加速,但乡村建设缺乏整体、长远规划,一定程度上造成了对红色文化遗产的破坏。同时,由于乡村治理体系的不健全,特别是对红色文化遗产的产权归属、土地征用等问题缺乏相应的明文规定和监控机制,导致保护工作错综复杂。

三是整合力度不够,应用手段滞后。由于乡村红色文化遗产往往散落在各个村落,彼此之间存在着地理屏障,在县级层面的统筹协调、整合力度还有所欠缺,在村级层面则往往单兵作战,导致保护和应用眼界局限、形式单一、手段滞后,缺乏时代气息、创新思维、智慧元素。

二、"党建共建"下的乡村红色文化传承路径

为让红色历史"活"起来,让红色文化"火"起来,深入贯彻落实党的十九大对于党建工作的新部署,充分发挥开放大学党组织在促进乡村振兴、推动全面从严治党向基层延伸的作用,象山学院一直在探索:推进"校区+社区"党建共建,以红色资源为纽带,通过支部联动,让党员教师更紧密地融入社会改革发展的大潮、拥有更加宽广的视野与胸怀,共谋乡村文化发展、推动乡村文化繁荣。这是党员教师自身发展的需要,也是

用党建促发展、用发展强党建的新课题。

目前学院坚持"在融合中共赢、在共赢中发展"的思路，推进街道社区党建与教育单位党建的相互渗透、相互贯通、相互联结，携手洋坑村、茅洋村、方前村等就党员活动阵地、党员教育载体等党支部建设方面建立党建共建共享机制，并签订共建协议、开展共建活动，推动红色文化与时代特征相融合、与时代要求相契合、与时代发展相耦合，初步形成"党建+"乡村红色文化传承整体效应。学院党组织获得宁波市五星级基层党组织。

1. 支部联建，深化红色信仰，铸就一批红色文化宣传先锋

学院党组织与乡村党组织有各自的工作性质与特点，双方开展支部联建工作，在各村官班教学点分别成立村官班临时党支部、明确临时党支部书记；以临时党支部为杠杆切实提升学员的核心竞争能力，创新红色文化学习型小组，携手共进提升政治素养，实现学员"自我管理、自我服务、自我提高"的目标。除了抓好自身党组织建设之外，以红色信仰教育为核心，站在贯彻落实好习近平总书记关于文化遗产保护工作的系列重要讲话精神的高度，注重乡村红色文化专业人才培育，遴选优秀乡村党员干部和退伍老兵成立红色文化志愿宣讲团，使其成为开发利用、宣传传播红色文化的开拓者、践行者和主力军。例如学院牵线搭桥徐先锋组建的民间红色文化志愿者团队，为乡村红色文化人才提升业务能力及业务水平提供相应的平台，指导与帮扶乡村基层党组织成员开展红色文化宣讲活动，调动各级各类红色文化工作者的参与热情和创新激情，走访慰问革命烈士家属、祭扫革命烈士墓。

2. 学习联动，加强红色研究，完善一批红色文化优质遗产

站在历史和现实的角度增强忧患意识，基于红色文化遗产保护与传承工作，学院与乡村共建单位充分发挥本单位优势，推行双向融入互动的组织生活，通过支部之间共同开展主题党日、党课学习、党员教育培训等党建学习活动的契机，积极开展红色研究：以教育研究、课题研究等形式着重研究红色村落的党史、文物、民俗等，整理和勘实重要革命事件发生地、人物事迹、制度传承等，例如与方前村加强保护80年前石拱桥抗日伏击战李小华烈士英勇牺牲地；学院整合高校教授、学者专家资源，对共建乡村的红色资源进行分类定级，在党组织的牵头引领下，通过各种渠道大

量收集整理各类历史资料、书籍,对那些重要的、濒临毁坏、失传的遗址、见证人、纪念物等加快修复、建立档案、加强保护,为乡村文化研究和发扬奠定基础;结合乡风家风建设、乡史村史修订完善,挖掘和演绎流传在乡村的红色歌曲、故事等,并创新红色标语等红色文化载体,从而将红色文化研究融入日常生活点滴,实现红色文化的创造性转化和创新性发展。方前村通过重寻英烈战斗故地、参观方青岭隧道、开放村史馆以及《方前村志》出版发布仪式,让"红色文化"触手可及。下一步,学院还将依托开放大学的信息技术平台,积极筹建乡村红色文化遗产资源数据库,构建现代科技视野下乡村文化大体系。

3. 活动联办,讲好红色故事,培育一批红色文化知名品牌

新时代下,讲好红色故事,不能千篇一律、大同小异、一成不变。学院与乡村共建单位活动联办即围绕"讲好红色故事"这个核心,按照"党建引领、优势互补、实现双赢"的原则,结合实际共同举办或者协助对方开展志愿活动、文体活动,推动形成形式多样、层次多样、手段多样的红色文化活动教育路径,采用干部群众喜闻乐见、通俗易懂的传播形式,让更多年轻党员知党史、明党情、念党恩、跟党走,在提高党员的综合素质的同时,积极培育一批红色文化知名品牌,扩展到红色出版、红色演艺、红色影视等多个相关产业门类,让红色故事焕发新风采,让红色历史展现新形象,让红色传统呈现新风尚。

例如与洋坑村进行"七个一"系列活动联办,即举办一次"垃圾分类"环境美化活动,开展一场持续的党史学习教育,观看一部红色专题电影,组织一次"我为群众办实事"活动,上好一堂党课,进行一次"红色之旅"和举行一次文明城市创建志愿活动。依托乡村党支部,做到了把"垃圾分类"红色志愿服务走深、走近、如常,做到了以沉浸式红色话剧《火华的年代》让红色教育入脑、入心;依托学院党支部,做到了党课讲师团进村、进礼堂"量身定做"微党课,做大了"唱新闻"与"我为群众办实事"活动结合,学院党支部代表还特意制作了一期宣传栏,大大增强乡村红色文化故事的生动性、吸引力和感染力。

4. 阵地联享,构筑红色路线,打造一批红色文化教育基地

针对红色遗产相对分散或不能单独成体系和结合红色旅游的党史学习教育越来越红火的现状,以党员干部为核心,学院与乡村联动,从挖掘梳

理、修缮保护、线路规划、景点打造、宣传推广等环节，统筹推进，充分体现"宜融则融、能融尽融"的原则，树立大文化、大旅游观，将散落在各乡村的红色文化珍珠串联成线，探索一批红色文化教育基地开发建设项目，创新"处处是景，处处皆文化"的乡村红色文旅模式，让山水留住乡愁、红色留住初心、文化留住梦想。学院牵手茅洋村，引入高层次的红色文化教育项目，一方面创新"党建+产业链"模式，整合日本侵略军在象山罪行陈列馆、粮站非物质展示馆、才华剪纸艺术馆（浙江省廉政文化教育基地）、风俗文化村（如田乐园3D壁画村）、舞狮系列民宿等地标性文旅资源，全面带动农家乐旅游、农产品销售、农耕文化体验等旅游消费新业态，推动党员红色旅游从瞻仰游向体验游转变；另一方面利用战场纪念地、革命会议遗址、革命人物旧居、革命遗物等实物，以茅洋农民画为载体，设计制作出符合时代特色的红色创意产品，推出了"山海水乡 心悦茅洋"系列文创产品，充电宝和小号保温杯推出不到半个月就被抢购一空，让文化与旅游的结合发挥出 $1+1>2$ 的效果。

红色资源是我们党艰辛而辉煌奋斗历程的见证，凝结着党百年奋斗历程中薪火相传的红色基因，通过党建共建，构建了色基因薪火相传、红色血脉赓续不断的基层党建工作新格局，实现了让乡村红色基因融入血液、融入品格、融入时代，让红色文化为乡村振兴提供源源不断的创新活力和发展动力。

第二节　"七巧绣社"激活乡村创业文化

"大众创业、万众创新"。在大乡村文化观视域下，乡村创业文化是新时代乡村文化中不可或缺的组成部分，创业文化振兴将带动乡村文化繁荣。何为乡村创业文化？乡村创业文化是农村创业主体追求财富、创造价值过程中形成的思想观念、心理意识和价值体系，主导着创业主体的思维方式和行为方式，对于我国乡村创业活动、乡村传统工艺、乡村特色经济的良性发展具有重要意义。

2015年，浙江省首次提出"农创客"概念；2017年，"农创客"被写入省政府工作报告；2018 年出台《关于加快农创客培育发展的意见》；2019 年，实施"两进两回"，积极推进科技、资金进乡村，青年、乡贤回农村；2021 年又出台《关于实施十万农创客培育工程（2021—2025 年）的意见》，提出要辐射带动 100 万农民增收致富。

政策利好之下，象山学院对标开放大学社会服务职责，挑起农创客培育的大梁，以乡村创业文化振兴为导向，以"七彩绣社"为特色载体，以开放教育与乡村文化礼堂融合共生为路径，为县域乡镇培育了一批有知识、有活力、有创业创新精神的女性农创客，让以大徐村为代表的古老乡村成为共同富裕的希望之地，在推进乡村振兴和农业高质量发展中彰显了基层开放大学的担当。

一、乡村创业文化与女性农创客现状

"产业兴旺、生态宜居、乡风文明、治理有效、生活富裕"的美丽乡村是建立在乡村文化繁荣尤其是乡村创业文化繁荣的基础上的。象山县位居宁波，农村创业范围较为浓厚。一批批宁波农民走出乡野，艰苦奋斗，开基创业，抒写了中国工商业史上的百年辉煌，成就了"宁波帮"精神。其核心是吃苦精神、冒险精神和创新精神，并逐步演化为"知行合一、知难而进、知书达礼、知恩图报"的"四知"精神。

1. 乡村兴起创业大潮

近年来，全国各地逐步兴起的农民返乡创业大潮，为乡村创业文化的发展注入了强大活力。根据农业农村部 2019 年底发布的统计数据，全国返乡入乡创业创新人员已达 850 万，在乡创业创新人员达 3100 万。象山县也不例外，2019 年，象山出台《推进"两进两回"发展乡村产业三十条》，对外选聘人才，对内整合资源，开辟出工业、农业、旅游等多个合作阵地，为各行各业能人团队搭建起来象山创业的舞台。全县通过能人团队实施的乡村产业项目达 70 多个，累计投资额超 5 亿元。在这些创业者中，返乡创业者占比 50.8%。

2. 女性农创客发展不足

象山县女性劳动力（16 至 50 周岁）103706 人，占劳动力人数 39.17%。近年来，随着城镇化的推进，农村土地的流转，大多数妇女在家待业，业余生活主要是看电视、逛街、聊天等。因此在对象山创业调查中发现，县域创业群体中男性占比达71.1%，女性农创客占比极少。一方面由于大部分农村女性思想比较保守，普遍存在"小富即安""应循守旧"的心态，农村妇女的创业意识与创业能力亟待提升。另一方面，农村创业女性初中及以下文化程度占大多数，较低的知识水平和文化素质，成为农村女性创业的先天不足。这需要发挥大学尤其是基层开放大学的资源优势，突破农村创业文化教育滞后的现状，为女性创业搭建平台载体，促进农村妇女就业创业、实现增收致富。

二、"七彩绣社"组建与绣娘培育

象山学院于2016年7月成立"七巧绣社"，聘请象山县民间刺绣传承人徐嫦月为社长，绣社社员向全县招募，由一群刺绣爱好者参加。"七巧绣社"成立之初共有会员15人，现在已发展到70余人。"七巧绣社"成员定期组织学习，交流，开展活动，致力于将民间刺绣与其他各类女红技艺相结合，帮助女性就业、创业，让刺绣这门传统手工艺在象山大地重新焕发光彩，也为众多居家妇女带来了新的生活目标，为她们搭建起了一个提高技能、提升素养，增加收入的平台。

1. 组建团队，开发课程，搭建场地

"七巧绣社"由分管社区教学的副校长主抓，社区教育指导中心主任负责实施，有7名教师参与，另外学院根据绣社成员线上、线下报名情况，遴选出培训教师，组建了一支50人左右的培训导师团队。并充分考虑交通、空闲时间、接受能力、师资统筹等不便因素，学院将"七巧绣社"培训团队分区组成为县城南、县城东、县城西3个小队，既可以灵活、便捷、按需、就近进农村文化礼堂进行学习活动，也可以合"开大课"，且每个小队设一名小队长，由资深核心成员担任。

在课程开发方面，根据应知应会标准，由社长徐嫦月牵头、学院教师配合，开发了《非遗刺绣基本技巧》《非遗刺绣构图》等应知应会课程。此外，学院因地制宜，定制学习内容，譬如高泥村的军港、银洋村的田乐园、叶口山村的大塘港、塔头旺村的滩涂、定山村的八角楼等，从乡村标志物出发，确定专属图样作为学习内容，并结合农民生活用品开发口金包、书签、茶垫（席）、绣花鞋等特色刺绣课程，基本形成了"基础＋特色"的课程体系。疫情期间，学院又积极开发线上学习平台，通过录制系列视频课程发布网络提供给社区居民线上学习，利用各类网络直播互动平台进行直播指导。截至目前，共开设直播培训课程100场，录制系列课程教学视频30个，完成了学习资源从扁平化向立体化的转变，为女红培训课程架设了数字化教学资源。

在场地建设方面，学院专门设立刺绣培训教室和刺绣实训室，用于绣社培训；同步在象山非遗馆、大徐镇大徐村设立刺绣教学实践基地，在全县15个乡村的文化礼堂设立刺绣培训教学点，并牵手象山非遗馆、刺绣体验基地建立研学教学点，为刺绣项目的顺利开展提供了硬件保障。

2. 三类培训，按需定制，强素提能

一是菜单培训。采取"学院制菜单，妇联发菜单，镇、乡点菜单，绣社接菜单"的服务形式。即学院制定培训菜单，由县妇联以文件形式下发到各乡镇妇联，乡镇妇联根据需要点菜单，然后七巧绣社组织培训。如丹东街道妇联点了"迎亚运"的手工刺绣活动菜单，该街道妇联组织辖区40余名村级妇女干部，"七巧绣社"接了这个菜单，社长徐嫦月带领团队去授课。徐嫦月老师围绕"迎亚运"主题，向学员传授刺绣的基本知识、图案设计、手法技巧等，手把手一针一线指导大家绣亚运图标，并鼓励学员发挥特长，多多创新。妇女干部们一边拿着针线刺绣，一边向老师互动学习刺绣技法，学习气氛异常火热，她们表示，"通过这次活动，学到了刺绣很多门道，既开了眼界，又学到了'真经'，为就业打下基础。"

二是节庆培训。在"三八"妇女节、七夕节、端午节等节日之际，七巧绣社面向县域乡镇、村社等组织开展刺绣活动。如在"三八"妇女节绣社开展"巧手点靓慢生活""一针一线绣芳华"的活动，在端午节绣社开展"绣丽香囊"手工刺绣体验活动，又如在建党100周年来临之际，绣社在大徐镇举行了"百人刺绣、一心向党"献礼建党100周年活动，在社长徐嫦月带领下，大徐镇百名妇女手捧绣布，将对党的热爱、深情与祝福凝聚在一针一线中。结合这些节日开展活动，既充分展示传统节庆的内涵魅力，营造节日氛围，又展现女性心灵手巧的特质，丰富广大女性同胞的业余生活。

三是专题培训。专题培训是对有关人员进行专门培训，包括绣娘、绣花工、团队成员三个维度。对绣娘培训,如"七巧绣社"文创产品——绣花鞋很受市场欢迎,由此对绣娘进行"民间特色绣花鞋"专题培训,使其制作的绣花鞋能达到时尚设计的要求。对绣花工人培训,如黄皮岙乡龙屿村张学军的绣花店,原来工人大多数是外来民工,在疫情防控期间,外来民工不能按时来象,为了缓解了工厂劳动力不足,招收本乡100多名妇女,但这些妇女缺少绣花的技能,黄皮岙乡妇联委托学院组织七巧绣社成员赴该绣花店进行培训,使新招工人掌握绣花技能。对团队成员进行培训,主要是聘请优秀的刺绣教师对团队成员进行专题培训,使团队成员具有授课能力、创新能力及设计能力,打通了服务妇女的"最后一公里"。

三、"工作室+七巧绣社"的乡村创业服务模式

以大徐村为代表的村民依托培育项目,参加"七巧绣社"学习型团队后掌握了刺绣技能,可以进行文创产品的制作和创业。但单独经营无法形成聚合效应,整合资源"抱团"合作才能提升创业成功率。为此,学院依托"七巧绣社"核心团队,以意愿创业的社区居民和村民为主体成立工作室,改变"单打独斗"状态,"聚沙成块"提高刺绣产品创业的组织化程度,构建了"工作室+七巧绣社"的乡村创业服务模式。2017年象山首家刺绣工作室——象山七巧刺绣工作室正式成立,打造了"产品设计+分户加工+电商营销"为一体的女性农创客孵化共同体。

1. 产品设计,绣品提档升级

"七巧绣社"挖掘刺绣独特价值,释放刺绣时尚魅力,加强刺绣衍生品及文创产品的研发与商业化制作,研发制作众多贴近生活、适合现代女性审美观的手工产品,提高刺绣品的科技化含量,积极引导刺绣品向规模化、大众化、多元化方向发展。一是围绕地域特色设计产品。结合象山渔文化,在香包、荷包、扇子绣上各种鱼的图案。二是结合全域旅游设计文旅产品。如扁鱼造型香包、桔宝系列产品、杨梅系列产品等,作为游客的伴手礼。三是研发产品。如端午节的香包,徐嫦月研发出由老中医调配的中草药香包,成了网上的"爆款",市场售价达到40元左右一个。

2. 分户加工,绣娘无本创业

分户加工就是绣社设计的产品,让绣娘把材料领回家绣,绣好产品

后,由绣社回收、销售。如"七巧绣社"设计好绣花鞋,投放市场后,产生了大量订单,需要批量化生产。"七巧绣社"就组织绣娘培训,让绣娘把材料领回家绣,等同于来料加工这种模式。这种模式绣娘不用投入资金,用绣技赚钱,很受农村妇女的欢迎。

3. 电商营销,打通全域渠道

"七巧绣社"抓住"互联网+"时代电商平台全域营销的契机,打通"七巧绣品工坊"淘宝店、"七巧象绣"抖音直播号等平台,通过线上和线下销售模式销售绣娘们的刺绣产品。截至目前,微生物、甬农鲜、淘宝等平台,都有"七巧绣社"的产品。得益于此,绣品销售模式不断更新,市场不断扩大,据统计在电商平台引进后,绣娘人均增收千余元。

四、"七巧绣社"下的创业文化效应

1. 扶持农村妇女家门口创业增收

学院以"七巧绣社"为原点,依托徐嫦月的刺绣团队,积极引导妇女从事刺绣加工,帮助妇女在实现家门口创业,让农村妇女的"针线活"成为发家致富的"指尖艺术"。累计培训绣娘3000多人,吸纳妇女就业1000多人,实现年产值100多万元,形成了独具特色的"无围墙工厂"。如残疾人女性张某,原来对生活失去信心,一次偶然看到"七巧绣社"徐嫦月的报到,于是她给徐嫦月写信,表达想学刺绣的愿望,徐嫦月收信后,及时给她回信,表示愿意教她学刺绣,同时鼓励她树立生活的勇气。张某在徐嫦月指导下,学会了刺绣,并且绣出的产品有"七巧绣社"销售,张某找到了就业之路,现在对生活充满了信心。

2. 助力农村妇女探索文旅融合模式

"七巧绣社"的绣娘们还探索出了一条"文化+旅游"创业新模式,即绣社入住民宿,让游客体验刺绣,吸引游客入住民宿。如"七巧绣社"入驻新桥镇的俞家小院,将刺绣的旅游产品制作过程呈现给游客,让游客既能体验当地的文化特色,又能购买心仪的旅游产品,带动俞家小院生意火爆,促进旅游模式的升级。为此"七巧绣社"的绣娘们多次受邀参加旅游会展、丝绸之路文化和旅游博览会等高端活动,使农村绣娘走向国际化的创新创业舞台。

3. 激励农村妇女主动参与乡村治理

"七巧绣社"充分挖掘"讲仁爱、重民本、守诚信、崇正义、尚和合、求大同"等刺绣作品的时代价值,在引领农村妇女们走上小康共富道路的同时,自觉提高精神素养,有了参与美丽乡村治理,带动乡风文明建设,撑起"半边天"的"经济基础"和"参政底气"。如在疫情期间,"七巧绣社"团队自觉自发开展"非遗礼包献英雄"的公益活动,即手工刺绣鲳鱼造型的香包,裹入手工研磨的具有提神醒脑功效的中药粉,献给坚守疫情一线的逆行英雄们。再如"七巧绣社"团队成员积极参加乡村治理现场会,提出了"刺绣作品点缀美丽乡村"的建议,在提升农村妇女政治参与权利意识的同时为农村构建"共建共治共享"的和谐治理格局起到了积极作用。

"七巧绣社"为民所想,吸引妇女主动参与刺绣培训,帮助妇女走上就业路,促使学院知名度越来越高,教育品牌影响力也日益广泛。2020年5月国家开放大学书记荆德刚考察我院,高度肯定学院以社团助力乡村文化振兴的模式。此外,"七巧绣社"在宁波市2020年终身教育活动周被评为"领军学习共同体",社长徐嫦月被评为2020年省百名优秀志愿者。未来,学院将进一步整合开放教育资源,加大"七巧绣社"进乡村力度,着力引导乡村妇女吃"文化饭""创业饭",协助社员提升"七巧绣社"的品牌价值和市场范畴,使得辐射服装、台布、舞台、床上用品、艺术品装饰等行业的刺绣特色产业焕发新的活力,创造独具象山特色的"女性农创客经济",与时俱进丰富乡村文化内涵,把新时代乡村人艰苦奋斗、勇于创新、振兴乡村的精神变成村落文化的一部分。

【"七巧绣社"社长简介】

"七巧绣社"社长徐嫦月,是象山县民间刺绣传承人,县第二批优秀民间文艺人才,宁波市民间文艺家协会会员。绣有个人代表作《乘风破浪》《远航》《绣花鞋》等。2017年9月参加浙江省文化厅、杭州市人民政府主办的"履步生花"全国绣花鞋制作竞技赛,参赛作品《绣花鞋》获得浙江省文化厅颁发的"创意设计奖"。2019年获得浙江省妇女联合会颁发的"浙江省百名女红巧手"称号。

第三节 "礼堂课程"绽放乡村老年文化

在青壮年大量"出走"、人口"老龄化"加剧的时空环境下,乡村文化共同体的话语权和管理权落在了乡村老年人群体身上。他们掌握着"原汁原味"的乡村艺术、乡村礼仪、乡村习俗、乡村历史,在维系、巩固和传承乡村文化中扮演着越来越重要的角色。因此,提高老年人生活水平和影响力,大力发展农村老年人文化建设事业,对维护乡村文化具有重要作用。

党的十八大以来,以习近平同志为核心的党中央高度重视发展老年文化事业和产业。2018年2月,国务院文件首提"文化康养",既为乡村振兴提供了思路,也为开放教育尤其是老年教育打开了新大门。"老有所养"不止停留于物质层面,还需要关注和满足老年人精神、情感和心理等多样化需求。而开展农村老年教育将人数众多的农村老年人以文化为纽带联结在一起则成了农村老年文化建设的题中之义。

近年来,宁波开放大学象山学院以实现老年人"老有所学,老有所为,老有所乐"为理想目标,以礼堂课程为抓手积极延伸老年教育链,在教育资源要素下沉的同时以"多元融合"的站位意识丰富、发展和重构乡村老年文化图式,释放"银龄力量",为打破乡村老年文化与其他文化之间的隔阂和鸿沟做出了有效探索,以此适应乡村振兴背景下的乡村文化新发展。

一、乡村老年文化建设

"莫道桑榆晚,为霞尚满天。"在大文化观视域下,老年文化是乡村文化的一个重要组成部分,属于"次文化"范畴,因而在建设过程中处于弱势地位,存在被忽略、被轻视、被边缘的现象。重视乡村老年文化建设,促进老年文化繁荣,必将对我国老龄事业发展、老年人健康幸福产生深远的影响。

1. 不可忽视的老年人口规模

老龄化是21世纪人类发展的重要特征。根据国家统计局公布的第七次全国人口普查数据结果显示：2020年全国60岁以及以上人口为26402万人，占18.70%，其中，65岁及以上人口为19064万人，占13.50%，老龄人口再创新高。我国人口老龄化现象进一步加深的大背景下，象山县老年人口持续快速增长，高龄趋势明显。据象山县第七次全国人口普查数据显示，60岁及以上人口为135869人，占23.93%，其中65岁及以上人口为94195人，占16.59%。与2010年第六次全国人口普查相比，60岁及以上人口的比重上升7.73个百分点，65岁及以上人口的比重上升5.55个百分点。老龄化必然带来乡村人口结构的变迁，老年人已经成为象山农村人口的主体。据悉，将象山县135869位老人中80%居住在农村，因此象山有"10个老年人，8个生活在农村"的民间歌谣，想见农村老年文化建设面向群体规模之广。

2. 向往美好生活的老年群体

改革开放40多年来，象山县农村发生了翻天覆地的变化，绝大多数老年人在解决了温饱问题后，精神文化生活需求急剧增长，参与文化活动的热情越来越高涨。但文化素养方面的"缺钙"导致农村老年人即使有兴趣也没有能力参与读书看报、琴棋书画等对文化程度有较高要求的文化活动，能够享受的文化活动方式非常有限。《老年文化事业发展研究报告（2017年）》显示，老年人日常参加最多的文化活动是看电视（占86.95%），无论男女性别，看电视是老年人共通的选项，尤其是高龄留守老人，一些老年人不得不以看那些"看不懂、不爱看"的电视节目来消磨时间。广场舞、打牌等文体活动成为农村老年人的"休闲常态"，位居第二。近年来，上网在老年人喜爱的日常文化活动项目中名次攀升，网络已成为老年文化活动的重要平台。这也表明农村老年人对于参与各类文化活动、提升自身知识文化水平、跟上时代步伐有着极强的意愿。

3. 精神匮乏的老年健康危害

老年文化建设丰满理想之下的是骨干现实：精神匮乏正在成为压垮老年人身心健康的"最后一根稻草"。相较于城市，空心化和老龄化导致农村文化供给缺位和文化生活凋敝的矛盾更为突出，远远不能满足广大农村老年群体日益增加的对美好生活的向往，对精神文化满足的渴求。这一矛盾压缩了精神需求的层次性。有学者调研发现，老年人闲暇空余时间多且独居者众多，当其不再参与劳动生活后，精神寂寞和心理孤独的沟壑难以弥补，引发失能、半失能的比重上升。此外，《中国全科医学》最新发布的数据表明，调研对象中有近一半的农村老年人存在抑郁的症状。这与农村老年人日常文化活动类型少、参与文化活动频率低有着密切的关系。

二、乡村老年教育与老年文化

老年教育是乡村开放教育的内涵之一。党和国家重视老年教育的现代化征程已经开启，新修订的《老年人权益保障法》强调国家发展老年教育，教育部根据国务院的要求，牵头编制了《全国老年教育发展规划（2016—2020年）》。基于此，学院在上级教育行政部门领导和丹东街道党委政府的支持下，自2019年起挂牌"象山县丹东街道社区老年大学"。

据《中国老年教育发展报告（2019—2020）》显示，我国老年大学在校学员总数已超过1000万人。乡村老年教育对繁荣老年文化、实现文化养老意义重大。这与老年教育与老年文化的交融关系息息相关。这种交融关系具体表现在：

第一，老年教育是老年文化传播的重要方式，这也是老年教育的思维方向和理论基础。老年教育的对象是老年群体，目标是提高老年人的生活质量、提高老年人的职业技能、促进老年人的自我发展，宗旨是"增长知识、丰富生活、陶冶情操、促进健康、服务社会主要"，是文化传播的主流阵地和空间；而凡是适合老年人参加的知识型、娱乐型文化活动、凡是反映老年人生活的各种形式的文化产品、凡是以提高老年人生命生活质量的社会行为均属于老年文化。因此，老年教育作为教育事业，具有丰富的老年文化内涵。

第二，老年教育是老年文化建设的重要载体。针对老龄工作，我国提出了"六个老有"的目标，即：老有所养、老有所医、老有所教、老有所学、老有所乐、老有所为。由于老年大学是"愿学习、会学习、能学习"的老年人聚集的地方，在发展老年文化上有着得天独厚的条件。因此"老有所教、老有所学"被作为老年文化建设的重要组成部分来推动。反过来说，老年教育可以造就、推进和发展老年文化。

基于对老年教育的科学认知，基于对老年教育和老年文化关系的深刻剖析，基于老年教育在发展和繁荣老年文化方面的独特优势，我们认为开放大学深化老年教育既能满足老年人精神文化生活、个体价值实现所需，也能在推动老年文化建设、提升老龄化乡村软实力方面大有作为。

三、基于文化礼堂的"礼堂课程"

作为一所区域性的开放大学，象山学院以乡村文化礼堂为阵地，以乡村文化教育供给改革为抓手，做"有温度"的老年教育，在丰富农村老年人精神生活、创建学习型社会、助推乡村文化振兴方面摸索出了以"礼堂课程"为代表的特色做法，让书法班、绘画班、舞蹈班、说唱团等文娱活动成为象山老年人追寻晚年梦想、圆青春梦想、实现自我的一种体验和表达，以达到"塑造现代老人""实现现代老人生命价值"的目的。

1. "礼堂课程"的内涵原则

"礼堂课程"即以各村文化礼堂为介质开展的课程。因各村文化礼堂建设基础和文化元素各不相同，"礼堂课程"的设计和建构各有千秋，但遵循的四大原则不变：

一是"以老年人为本"注重科学性和创新性，科学性即做到课程设置体现政治需要、文明需要、构建和谐社会的需要、实现终身教育的需要等；创新性即做到课程与时俱进，将农村现代化发展过程中的成果转化为老年文化教育课程内容。

二是"学以致用"注重实用性和操作性，实用性即围绕老年人的现实生活来设置课程，以帮助解决其生活中的实际问题；操作性即做到课程内容与形式的生活化，让老年人"学中做、做中学"。

三是"因材施教"注重层次性和递进性，层次性即尊重老年人年龄层次、文化程度、接受能力、兴趣爱好等方面的个性差异，考虑学习者的学习延续性模块设置课程；递进性即按照老年人学习规律由易到难形成课程系统。

四是"打破围墙"注重开放性和灵活性，开放性即与共享型社会发展现状相契合将课堂延伸至课外，实现一二三课堂联动；灵活性即拓宽老年学员走向社会的活动空间，架构多元化的教育合作与服务模式。

2. "礼堂课程"的体系设计

"礼堂课程"是在传统课程设置基础上的拓展、延伸和创新，紧密结合老年群体不同类型的精神需求,强调提高精神需求服务的精准性。为此,按照马斯洛需求理论,学院把"礼堂课程"大致分为四个类型:

一是家庭伦理需求课程,涉及家庭生活、家庭关系、智能手机操作等社交课程。

二是心理调试需求课程,涉及心理讲座、瑜伽冥想、老年体育等康养课程。

三是文化娱乐需求课程,包括书法、舞蹈、茶艺、烘焙、摄影、音乐等提升老年人审美欣赏能力的人文素养课程。

四是社会参与需求课程,包括防疫科普、戏剧下乡等公益活动课程。

3."礼堂课程"的实施落地

为使老年学员在灵活、递进、多样的"礼堂课程"中真正实现学有所得、学有所乐、学有所为,学院注重放大课程能效,拓展老年教育范畴。

第一,以文化教育为形式,夯实第一课堂。"礼堂课程"第一课堂的重点放在"求知"上,引导老年学员树立终身发展理念,保持自尊自爱自立自强的精神风貌,使老年学员成为同年龄层次,甚至是相应范围的年龄层次中的理念先行者和教育先行者。学院首届老年大学班共设音乐、舞蹈、越剧、瑜伽、摄影、书法6个专业,在课程安排上针对老年学员知识能力、阅历水平、接受程度的差异,在同一专业中设置"初、中、高"三种不同的学习层次。如舞蹈专业学习分为舞蹈初级班、舞蹈中级班、舞蹈高级班。在教学形式上进行创新,如将技能教学与本地传统文化形式结合,在珠水溪村文化礼堂,邀请象山唱新闻国家级非遗传承人叶胜建老师,以老年学员喜闻乐见的唱新闻的传统方式进行老年人智能技术日常应用教学,开设《智享未来——老年数字生活新体验》课程;再如充分利用现代化媒体和信息网络技术手段,依托宁波开放大学教学资源,定时转发智能手机日常应用小视频。

第二,以文化交流为形式,丰富第二课堂。为了更好的发挥乡村文化礼堂的载体功能,拓展农村老年学员的兴趣爱好,彰显"礼堂课程"的"学而有得""得而有为",学院鼓励和支持组建老年学习社团,积极培育音乐、舞蹈、摄影、越剧、书法等学习型社团,并且出台了《象山县丹东街道社区老年大学社团管理工作办法》,通过强化组织领导、加大指导力度、规范章程制度、提供必要物质保障等方面,规范社团发展,实现由知识技能到精神文化的升华,促进社会文明和谐,为当地文化发展传递正能量。学院舞蹈专业的"霞之韵"舞蹈社团的舞蹈作品《再唱山歌给党听》荣膺国家开放大学首届全国老年教育教学成果舞蹈类三等奖;越剧专业的"夕阳红"越剧团获得"浙江省老年教育100个优秀社团";音乐专业的"春之声"合唱团在宁波开放大学庆祝中国共产党成立100周年"永远跟党走"文艺展演中,以一曲《唱支山歌给党听》荣获最佳创意奖;摄影团的团员们紧跟象山乡村发展脉搏,在各个重大发展节点、节庆活动抓拍精彩瞬间,在各个领域记录着乡村文化建设与发展的点滴,许多作品被省市县级传媒、刊物录取。

第三,以文化服务为形式,拓展第三课堂。学院充分尊重和保护广大老年学员服务社会的真诚愿望和满腔热情,积极鼓励和支持他们根据自身健康状况、志趣爱好、专业特长和所学到的知识、本领,在确保安全的前提下,依托文化礼堂这一平台,走进社区、走向社会,从而发挥老年学员的正能量,鼓励老年学员奉献自己的经验、知识、才干,做新时代"有作为、有进步、有快乐"的"三有"老人。在"双百千万"防疫科普行动中,由热心学员组成的老年大学志愿者团队放弃休息时间,走进文化礼堂,张贴宣传画册,分发宣传手册,耐心介绍防疫科普知识,引导老年人积极配合防疫措施;"霞之韵"舞团骨干成员在文化礼堂免费教农村妇女跳广场舞,在农村社区拉起广场舞队伍;摄影班专业、越剧专业两位80多高龄的志愿者不顾年迈,一次不落参与学院组织的进文化礼堂、重温海岛雅韵的宣传活动,不仅能为社区文化传递正能量,更成为社区内新文化、新知识、新科技的传播使者。

4."礼堂课程"的价值追求

农村老年学员在"礼堂课程"中不断自我提升、自我完善,变需求为追求,为乡村精神文明发展与乡村文化繁荣"输出"了"银龄之力",全面展示了"礼堂课程"的价值追求——塑造现代老人的作用力。学院准确地了解和掌握象山农村老年人群的个体性、多样性和无限变化性的精神文化需求等,对老年大学课程设置进行现代化、特色化构建,使老年学员在课程实践中获得独特情感体验和社会价值满足,帮助老年人实现"圆梦计划",也引导老年人"融入社会""参与社会""服务社会""贡献社会",真正将现代老人的作用力融入乡村文化建设的浪潮中去。

学院"礼堂课程"以其朝气蓬勃的活力和令人瞩目的成就向社会展示着老年教育的文化功能与老年学员的精神风采,受到了各级各类媒体的关注。其中《宁波开放大学象山学院丹东街道社区老年大学防疫科普行动走进黄避岙兵营村》《宁波开放大学象山学院"双百千万"防疫科普志愿者进海岛开展学雷锋送温暖活动》等 4 篇在国家开放大学公众号以案例展播推出;《让技术与文化深度融合:象山学院用非遗唱新闻"链接"智慧未来》《象山学院暨丹东街道社区老年大学开展送教下乡活动》等 6 篇在宁波开放大学播出;《银发票友送戏下乡》《春到海岛清韵扬》《点赞!丹东街道社区老年大学获省级荣誉》等 3 篇报道在《今日象山》官媒刊出。

第四节 "展馆游学"繁荣乡村民俗文化

民俗文化是由老百姓自己创造、自己享用也是自己养护的一种传统文化、一种生活文化。在我国传统文化的构成中,乡村民俗文化具有不可撼动的地位,亦是中华民族文化的根基之一,是乡村"生态宜居、乡风文明、治理有效"的关键媒介。

在城镇化进程的过程中,乡村民俗文化随之解体和重构,同样面临着失传断档、青黄不接的窘境。如何引导老百姓文化觉醒,更好地传承与创新民俗文化,重现乡村民俗文化的机制和路径,修复和养护中华文化根基,必将成为乡村文化振兴题中的应有之义。

因此,在全域旅游背景下整合乡村民俗展馆资源,架构适应老百姓尤其是青少年群体的游学线路,活化利用与村民思想感情、思维方式、生活方式高度融合的民俗文化,成为近年来宁波开放大学象山学院推进和服务乡村文化建设的显著特点。

一、民俗文化的缘起与象山乡村民俗类型

一座青山、几棵古树、几幢老屋,甚至一种手艺或者某段传说,往往

就是一个村庄的独特符号,也许就是美丽乡愁的根源。这些"有形"遗产所承载的乡土生活传统、劳作习惯、节庆习俗等"无形"遗产,恰恰是乡村民俗的"内在美",是乡村文化振兴不可或缺的部分。而对乡村民俗文化资源的创造性转化必须建立在对民俗文化的正确认知基础上,因此探讨乡村民俗文化振兴首先应关注和解决一个核心问题:何为民俗文化?着重厘清民俗文化的概念意义和乡村民俗文化的类型划分。

1. 古已有之的民俗文化与其三类缘起

民俗文化是与乡村居民生活息息相关的、极具民间特色的文化。其核心即生活文化。"民俗"一词最早出现在《礼记·缁衣》:"故君民者章好以示民俗,慎恶以御民之淫,则民不惑矣。"这里的"民俗"指的是风俗标准、行为准则。与近代民俗学关于民俗文化概念意义最接近的出处则在《史记》,如"耕者皆让畔,民俗皆让长""民俗憪急""楚民俗好庳车",大意是民间习惯习俗。

可见民俗教化古已有之,也可探析民俗文化有三大缘起:

一则缘起于生存需要、生计方式,是古代人民开展物质生活、追求物质富足的智慧结晶。

二则缘起于家庭结构、社会适应,包含在种族繁衍、婚姻模式、道德伦理之中,往往彰显一个时代的社会秩序、价值认同、处世原则。

三则缘起于精神生活,是源于生活又高于生活的艺术表达,其特质是通俗易懂,往往更贴近草根、贴近基层。

2. 象山本土乡村民俗传统的四大类型

基于民俗文化的缘起,北京师范大学社会学院教授、博士生导师萧放认为,民俗文化类型可分成物质民俗传统、社会民俗传统和精神民俗传统三个层面。物质民俗传统包括物质生产和物质生活;社会民俗传统包括社交礼仪、特色节庆等;精神民俗传统包括道德信仰、艺术创作、娱乐生活等。需要明确的是非遗不等于民俗,但是民俗里面很多是非遗。

回归到象山县域,本土乡村的民俗类型有哪些呢?以萧放教授的理论为基点,学院对象山民俗文化进行了细分:

一是以古村落建筑为代表的生态民俗传统。传统的乡村建筑是民族文化与地域特色的历史积累。以有700多年建村历史的墙头镇溪里方村为例,明代文学家、思想家方孝孺的后裔聚居于此,留下了数十栋考究的古建筑——"九房三堂",独特乡土民俗文化融入在每一寸建筑之中。近年来,在全县修复古建筑行动之中,古村落焕发生机,古建筑成为村景小品。2017年,其中一栋建筑明清恭房化身为溪里方村美术馆,将明清古韵与现代美学融为于一体。溪里方村被评为浙江省第五批历史文化名村,入选首批浙江省传统村落名录。

二是渔文化和盐文化为代表的生计民俗传统。"象邑业钓耕,土物力所任",在"山、海、岛、礁"资源丰富的象山半岛,在长期耕海牧渔的生产和生活实践中,象山东门村的渔民们创造了海洋渔文化。与此同时,象山大徐镇杉木洋村依山而居、面朝大海,徐氏一脉从祖上19代开始,直至徐伊耀第36代,一直坚守着晒盐、烧盐、制卤等传统手工"晒盐技艺",缔造了历史悠久的盐文化。

三是以耕牛节、枇杷节和葡萄节等节庆活动为代表的社会民俗传统。以耕牛节为例,俗话说:"二月二龙抬头,天子耕地臣赶牛。"相传二月二训练牛犊耕地,即使再笨的牛都能学会。因此,象山县田洋湖村的农人们便保留了每年二月二教小牛犁地的传统民俗。

四是以鱼拓、竹根雕、剪纸、竹编、竹刻为代表的文艺民俗传统。鱼拓,顾名思义就是将鱼的形象用墨汁或颜料拓印在纸上或者布上,这种技艺由传拓技艺演变而来;竹根雕缘起于明清时期,人们利用毛竹的竹根及其天然形态,通过艺术构思、造型,雕刻成形象生动的各类传统工艺品;剪纸可追溯到旧石器时代,普遍流行于明清时期,曾涌现出徐祝山、高妙兰等一大批剪纸高手;象山竹编在传统篾作手艺基础上将传统的竹编与中国传统书画合璧,形成了以竹篾线条为造型底蕴、以诗画为意境情韵的艺术作品;竹刻即以刀为笔,以竹为纸,将自然美和人工美有机结合的制作工艺。

二、依托乡村民俗文化的"展馆游学"模式

基于四大民俗传统类型以及各民俗集中分布的村落,学院进行走访发现象山特色民俗文化都已建有相关的体验和展示基地。例如渔文化、盐文化、鱼拓文化、剪纸文化、竹根雕文化、竹编文化、竹刻文化这7大民俗文化分别建有海洋渔文化博物馆、盐文化展馆、鱼拓文化展示馆、剪纸文

化陈列馆、竹根雕艺术馆、竹编体验馆、竹刻馆。

在常与变、今与昔的呈现中,建立在乡村的民俗文化展馆既打开了朝向文化乡村的经验通路,也提示了乡村游学的新亮点。以盐文化展馆为例,位于杉木洋村盐文化遗址公园,除了陈列着盐泥耙、畚箕、钉耙、卤桶、盐箩、盐火叉、铁镬等制盐老物件外,还图文并茂地展示着村里的制盐传说、历史、工艺流程等。象山学院以县域民俗文化为抓手,利用民间民俗展馆基地,探索了"展馆游学"模式,设计覆盖10个民俗乡村的游学线路和游学课程,成为乡村民俗文化活态保护的新路径。

1. "展馆游学"的课程设计

遵循"社区提需求、乡村列特色、学院想创意"的工作思路,学院与各展馆所在乡村行政部门达成共建游学基地的意向,以乡村展馆为依托,利用基地硬件设备设施,开发四大类共计10门系列化、标准化和共享化的民俗文化游学课程。例如:鸭屿村竹编游学课程,围绕鸭屿村游学基地的竹编传承主题开发本游学课程,以"学竹编技艺、游斑斓海岸"为立脚点,邀请象山竹编非遗传承人授课,游学者根据所学独立完成一个简单的竹编作品。选购完竹编伴手礼后,中午在鸭屿村农家乐进餐,下午浏览斑斓海岸。

同时,鉴于全域旅游背景下,乡村和社区有大量的节庆活动、主题活动,学院把常态化的活动永久纳入"展馆游学"课程,把随机性的活动临时纳入"展馆游学"课程,充实乡村游学课程,丰富乡村游学体验,提高乡村活动的活跃度,实现"活动+"游学课程。例如:枇杷节、耕牛节和葡萄节3个农时节庆活动永久性纳入田洋湖村、高湾村、西边塘村社会民俗游学课程;"善行象山""孙茂芳式五小服务先锋行动""讲好渔故事、传播真善美""好家风好家训"等各类主题活动临时性纳入相应游学课程。

常态化"展馆游学"课程设计见表4-1:

表 4-1

课程分类	课程名称	主要内容	地点	导师
生态民俗文化游学	八角楼游学课程	1. 游览定山八角楼文化礼堂 2. 参观泥金彩漆展示厅 3. 参观灵芝艺术馆 4. 参观传统糕点工作室 5. 参观村乡贤馆	定山村	韩利诚（宁波美术馆馆长、新乡贤参事会理事长） 奚余法（泥金彩漆非遗传承人）等
	"九房三堂"游学课程	1. 参观"九房三堂"古建筑 2. 参观全省首家村级美术馆 3. 参观盆景主题书店、乡村风物馆、园艺茶咖、方志馆、盆景教育学院	溪里方村	方岳兴（溪里方村村党支部）
生计民俗文化游学	渔文化、鱼拓文化游学课程	1. 鱼拓课程学习 2. 自主制作鱼拓作品 3. 游览渔文化博物馆、鱼拓文化展示馆 4. 游览东门渔村	东门村	卢圣贵（象山鱼拓传承人）
	盐文化游学课程	1. 参观盐文化展馆 2. 参观盐文化遗址公园和忆盐阁	杉木洋村	徐伊耀（精品盐传承人）
社会民俗文化游学	耕牛节游学课程	1. 参观文化礼堂 2. 体验教牛耕地 3. 参加舞龙、祭龙、巡祭活动 4. 体验做青团、捣麻糍、蒸麦糕	田洋湖村	
	枇杷节暨农民文化节游学课程	1. 游览趣味枇杷园 2. 参加创意枇杷集市 3. 游览白岩山	高湾村	
	葡萄节游学课程	1. 参观白玉湾生态农业观光园 2. 参加葡萄节活动 3. 游览海之湾景区	西边塘村	

续表

课程分类	课程名称	主要内容	地点	导师
文艺民俗游学	竹编游学课程	1. 参观竹编非遗传习所 2. 自主制作非遗竹编作品 3. 游览斑斓海岸	鸭屿村	张心荣（象山竹编传承人）
	剪纸文化游学课程	1. 游览剪纸文化陈列馆 2. 参观东海灵芝谷	樟岙村	谢才华（象山剪纸传承人）
	竹刻文化游学课程	1. 游览简舍知秋竹刻馆 2. 游览何恭房祠堂、儒雅洋古村落 3. 体验番薯烧酒文化节	儒雅洋村	朱宏苏（象山竹刻传承人）

2. "展馆游学"的路线设计

学院依据各展馆的所在地以及民俗文化活动开展时间进行三种类型的"展馆游学"路线设计。

一是两点一线式线路。学院或社区为一点，某乡村游学基地为另外一点，整个游学过程从开始到结束完全在两点内完成，称为两点一线式线路。这种线路设计适宜，单个游学基地的课程内容足、特色鲜明、游览资源丰富的乡村游学。

二是穿村连片式线路。从一点集中出发，不走回头路，逐一连贯游学多个乡村游学基地，称为穿村连片式线路。这种线路设计适合单个游学基地课程内容少、游览资源缺的课程实施，以穿村连片的方式补足整个乡村游学内容。

三是休闲自驾式线路。从多点出发，到某游学基地集中，完成一个游学课程后，根据自身情况，自由选择下一个游学课程（也可选择结束游学自驾回程），称为休闲自驾式线路。这种线路设计自由度大，适合有个性需求的游学者。

3. "展馆游学"的学习方式

充分考虑乡村民俗文化游学参加者的年龄条件、兴趣爱好和经济能力等实际，把控游学体验的强度和内容，选择最佳学习方式进行乡村游学。具体包括三大学习方式：

一为兴趣点单的休闲体验式。本类乡村民俗文化游学的学习以休闲体验为主要方式，在学的方面，对学习过程不做督导评估，对学习结果不做强制评价；在游的方面，对乡村游学基地的消费不做硬性规定，乡村游览以自由活动为主，集中学习为辅。

二为定期开班的系统学习式。本类乡村民俗文化游学的学习以系统学习为主要方式。在学的方面，开设游学班级，指定班级联络人（班长），以某民俗传统学习为主题，以一学期为期制定游学课程表，配置师资实施游学。制定学费标准，建立签到和考核制度，根据期末学习成果和签到表现，评选优秀游学分子进行表彰和奖励。

三为组团沉浸的消费赋能式。本类乡村民俗游学的学习以深度沉浸为主要方式。在游的方面，着重把经济附加的基地项目列入乡村游学课程，以应季水果采摘、农家点心制作、中草药采集等课程为载体，边学边做，边做边尝，边尝边买深度沉浸体验，完成经济项目最后一公里的消费赋能。

4. "展馆游学"的管理运行

为稳步有序探索乡村民俗文化游学，在县委宣传部的重视和社区、乡村的配合下，学院出台《关于成立宁波电大象山学院社区教育乡村游学领导小组的通知》，成立乡村民俗文化"展馆游学"领导小组。下设乡村民俗文化"展馆游学"工作小组，确定学院、社区和乡村三方联络员，明确主导方和协同方的乡村民俗"展馆游学"分工，把控宣传、开发、决策、管理、执行、评价和财政全部环节，建立乡村游学协同机制，实现校、社、村三位一体的"展馆游学"管理模式，如图4-1所示。

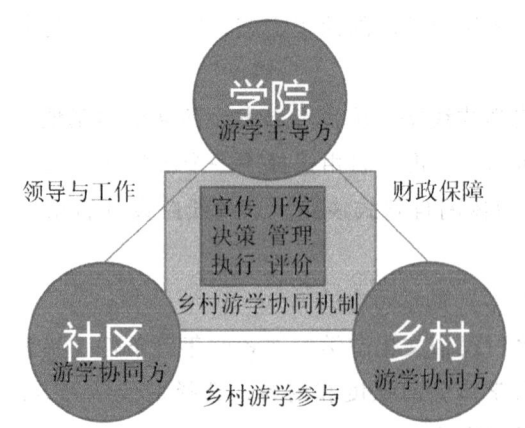

图4-1 校、社、村三位一体的"展馆游学"管理模式

一是社区组织居民，点单学院游学课程。第一，建立社区组织为主、学院组织为辅的组织者体系。第二，学院制定了组织奖励机制，同时开辟在线平台，以学院学员为辅的游学者体系。以社区居民和村民作为主要游学者，以学院学员作为后备游学者参与。

二是学院统筹乡社，主导乡村游学全程。第一，扮演好"大脑中枢"角色。游学者在微信公众号点单游学课程，提高效率。第二，建立社区居民为主、学社区有游学需求主动找学院"要"，学院有游学课程主动找社区"给"，乡村有主题活动主动找学院"送"，互通有无三方联动，把三方资源整合成互动热烈的体系，让乡村民俗文化游学"活"起来。实时的把社区的游学需求，同乡村游学基地进行沟通，安排日程和师资，按时实施游学课程，游学过程中学院主导全程，保障游学课程安全、有序完成。第三，扮演好"心理医生"角色。使用信息化技术，在学院微信公众号发布问卷调查，获得课程反馈意见，并根据意见，联动三方及时改进游学课程。

三是基地提供服务，获取经济效益。乡村游学基地以游学课程为抓手，辅以受过专业培训的基地管理人员队伍，为游学者提供游学服务，以基地项目为主导把乡村特色农产品、民宿、农家乐、非遗手工艺品、中草药等项目资源加入游学课程提供给游学者，赋能游学课程，进一步提升经济附加值。

三、"展馆游学"弘扬乡村民俗文化价值

民俗文化的传承，是一个开放的系统。"展馆游学"的探索能够解决乡村民俗文化展馆"用"的课题，提升民俗文化展馆成为学习共同体场所的地位，为农村开放教育的发展提供借鉴的途径和开拓的方向，有利于深入发掘优秀民俗文化蕴含的思想观念、人文精神、道德规范，全面发挥彰显文明乡风、良好家风、淳朴民风的乡村民俗文化价值。

其一，"展馆游学"的实施通过乡村游学基地的校村共建，将民俗文化与游学旅游项目勾连，使民俗文化向产品化、品牌化、市场化发展，加快和推动了乡村优秀民俗文化资源的保护和利用，展现民俗在新时代生活、休闲、事件、项目、活动等多元公共文化上，给乡村民俗文化注入发

展动力。例如：儒雅洋乡村游学基地，以乡村文化礼堂为硬件依托，整合何恭房祠堂、简舍知秋竹刻馆和儒雅山居三个分部，融合番薯烧酒文化节、古村山水文明示范线游览、开蒙仪式和雅集活动展示为重点，打造以"千年古村、儒雅山居"为特色的乡村游学基地。

其二，"展馆游学"的实施促使传统民俗文化开始在农村生活中频繁展示，受到群众欢迎的民俗复古之风再现，扩大了乡村民俗文化的影响力，激发了学员对民俗文化认同力，引导他们成为乡村民俗文化的传播者和传承者，使之转化为有特色能量的文化生产力，激发民俗文化活力。这对传承和创新中华传统文化根基，打造文化自信强国具有积极意义。截至目前，"展馆游学"课程实施至今已超过548人次报名参与，主要学员为县域青年和少年群体，其中有不少学员成为竹刻、竹根雕等乡村民俗传人的"非正式学徒"，学着成为专业的民俗文化接班人。

其三，"展馆游学"的实施促使检验了乡村民俗文化展馆游学模式的可行性，从开放教育角度部分弥补了学院、社区、乡村游学模式的缺乏，为发展社会效益与经济效益兼顾的民俗文化教育共同体提供了范本，让文明进步的民俗文化在农村扎根。目前，县域内8所乡镇成校参照学院"展馆游学"课程模板，以所在乡镇为依托，寻找和整合特色乡村民俗文化资源，个性化、特色化策划相应的游学课程，共建、共享扩充我县系列乡村民俗文化游学课程，让民俗文化资源真正变身为开放教育资源，从而实现以教育促进农村民俗文化蓬勃开展的目标。例如石浦成校的石浦渔灯制作游学课程、定塘成校的"红美人"柑橘种植技术游学课程、鹤浦成校的书画社游学课程、爵西成校的DIY传统糕点烘焙游学课程、贤庠成的旗袍走秀游学课程。

民俗文化留下的不只是世代累积的情怀，更应该是一种内生原动力，是一种在困境中找到本我的源头之水。作为基层开放大学需要进一步深入乡村内部，总结提炼乡村的民俗传统资源，发现与呵护村落内生性的动力，不断提升民俗文化的魅力和吸引力。